榜样 | **影响时代的力量**

每一个时代，都有激励我们奋进的力量，都有值得我们追随的人。这种力量，像是漠漠荒野中一条坚实的路径；这些人，好像茫茫大海中一道不变的航标。

王志艳⊙编著

告诉你一个
莎士比亚 的故事

天津出版传媒集团

天津人民出版社

图书在版编目（CIP）数据

告诉你一个莎士比亚的故事 / 王志艳编著 . -- 天津
: 天津人民出版社, 2013.1（2018.10 重印）
（巅峰阅读文库 . 榜样 : 影响时代的力量）
ISBN 978-7-201-07857-1

Ⅰ . ①告… Ⅱ . ①王… Ⅲ . ①莎士比亚，
W.（1564 ~ 1616）—生平事迹—通俗读物 Ⅳ .
① K835.615.6-49

中国版本图书馆 CIP 数据核字 (2012) 第 303233 号

告诉你一个莎士比亚的故事
GAOSU NI YIGE SHASHIBIYA DE GUSHI

出　　版　天津人民出版社
出 版 人　黄　沛
地　　址　天津市和平区西康路 35 号康岳大厦
邮政编码　300051
邮购电话　（022）23332469
网　　址　http://www.tjrmcbs.com
电子信箱　tjrmcbs@126.com

责任编辑　李　荣
装帧设计　映象视觉

制版印刷　永清县晔盛亚胶印有限公司
经　　销　新华书店
开　　本　690×960 毫米　1/16
印　　张　10
字　　数　100 千字
版次印次　2013 年 1 月第 1 版　2018 年 10 月第 3 次印刷
定　　价　29.80 元

前 言

历史发展的每一个阶段，都有值得我们追随、激励我们奋进的榜样。他们或以其深邃的思想推动了世界文明的进步，或以其叱咤风云的政治生涯影响了历史的进程，或以其在自然科学领域中的巨大成就造福于人类……

因为有了他们，历史的车轮才会不断前行；因为有了他们，历史的内容才会愈加精彩。他们已经成为历史长河的坐标，引领着我们走向更加深邃的精神世界和更加精彩的物质世界。今天，当我们站在一个新的纪元回眸过去的时候，我们不能不提起他们的名字，因为是他们改变了世界，改变了人类社会的发展格局。了解他们的生平、经历、思想、智慧以及他们的人格魅力，也必然会对我们的人生产生重大的影响。

为了能够了解并记住这些为人类历史发展作出过巨大贡献的人物，经过长时间的遴选，我们精选出60位最具时代性、最具影响力、最具代表性的人物，编写成这套《榜样：影响时代的力量》丛书，期望通过这套青少年乐于、易于接受的传记体裁的丛书，对青少年读者的成长产生潜移默化的影响，使他们能够从中汲取有益的精神元素，立志成才，为祖国、为人类作出自己的贡献。

本套丛书写作角度新颖，它不是简单地堆砌有关名人的材料，而是精选了他们人生中富有代表性的事件和故事，以点带面，从而折射出他们充满传奇的人生经历和各具特点的鲜明个性。通过阅读本套丛书，我们不仅要了解他们的生活经历，更要了解他们的奋斗历程，以及学习他们在面对困难、失败和挫折时所表现出来的杰出品质。

　　此外，书中还穿插了许多与这些著名人物相关的小知识、小故事等。这些内容语言简洁，可读性强，既能开阔青少年的阅读视野，又可作为青少年读者学习中的课外积累和写作素材。

　　我们相信，这是一套能令青少年读者喜爱的传记丛书。通过阅读本套丛书，我们也能够真切地了解到这些伟大人物对一个、乃至几个时代所产生的重大影响。

　　现在，就让我们一起翻开这些杰出人士的人生故事，走进他们生活的时代，洞悉他们的内心世界，与这些先贤们"促膝谈心"，让他们帮助我们洞察人生，鼓舞我们磨炼心志，激励我们永远奋进，走向成功！

W. William Shakespeare

导　言

　　威廉·莎士比亚（1564—1616），英国文艺复兴时期杰出的戏剧家和诗人，英国"戏剧之父"，被称为"时代的灵魂"、"人类最伟大的天才之一"、"人类文学奥林匹克山上的宙斯"。 欧洲文学的第一个高峰是古希腊罗马文学，在经过中世纪的低谷之后，文艺复兴时期欧洲文学再次出现高峰。而这一时期的最高成就，正是莎士比亚的戏剧。

　　1564年，莎士比亚出生于英格兰沃里克郡的斯特拉福镇，父亲是以经营羊毛、皮革及谷物为生的杂货商。童年时期，莎士比亚曾在当地的文法学校读书，学习拉丁文。后来家道中落，不得不辍学跟随父亲从商。22岁时，他只身前往伦敦，在剧院工作谋生，后来成为演员，并开始尝试写剧本。

　　虽然未曾受过良好的教育，也未曾上过大学，但莎士比亚却凭借自己的天赋和努力成为一名出色的演员和剧作家。他三十而立，蜚声剧坛；4年后，他更是成为英国戏剧界的泰斗人物。

　　在随后的10年中，莎士比亚创作了《哈姆莱特》、《尤里乌斯·恺撒》、《奥赛罗》、《罗密欧与朱丽叶》、《麦克白》、《李尔王》等杰出剧作，为英国文学史、为世界文学史留下了永不磨灭的文字。

　　莎士比亚在伦敦生活了20多年后，于1613年返回故乡斯特拉福镇，在那里度过了自己的晚年。莎士比亚一生共为后人留下了37部戏剧、两首长诗和一部十四行诗集。

　　莎士比亚的作品多取材于历史记载、小说、民间传说和旧戏等已有的材料，反映了封建社会向资本主义过渡的历史现实，宣扬了新兴资本主义的人文主义思想和人性论观点。

　　由于他一方面广泛借鉴古代戏剧、英国中世纪戏剧以及欧洲新兴的文化艺术，另一方面又深刻洞察社会和人生，故而塑造出了许多栩栩如生的人物形象，描绘了多姿多彩的社会生活图景，并使之以悲喜交融、富有诗意、充满想象力以

1564—1616

及富有人生哲理和批评精神等特点著称于世。

如今，莎士比亚的这些作品已经被翻译成世界许多国家的文字，受到世界人民的珍爱。同时，他的戏剧也在世界许多国家的舞台上长演不衰。

1616年4月23日，一代文豪莎士比亚在故乡斯特拉福镇去世。

本书从莎士比亚的儿时生活开始写起，一直追溯到他所创作出的伟大作品及为世界文学所做出的杰出贡献，再现了莎士比亚依靠自己的才华和智慧登上世界文学宝座的传奇人生，旨在让广大青少年朋友了解这位伟大的诗人、剧作家不平凡的人生历程，并体会他对理想执著不懈的探求精神。

告诉你一个莎士比亚的故事 / 目录

contents

W. William Shakespeare

Contents

目　录

1564—1616

第一章 幸福的童年

生命短促，只有美德能将它留传到辽远的后世。

——莎士比亚

（一）

16世纪中叶，在不列颠岛中部的沃里克郡，有一座古老而繁华的小城——斯特拉福镇，美丽的艾汶河贯穿全城。在伊丽莎白时代，用艾汶河水酿造的"斯特拉福酒"畅销整个欧洲，据说畅销的原因是喝过此酒便可以下笔如神，因而深得文人墨客的青睐。

斯特拉福镇居住着大约1500名居民。小镇的周围是茂密的亚登森林，每年的5月1日，镇上的居民几乎倾城而出，到森林中去纪念民间传说中的英雄罗宾汉。纪念的方式很灵活，有的民间歌手会用古朴的调子演唱这位绿林豪杰的英雄事迹，有的"业余演员"在林中的空地上表演罗宾汉和他的伙伴杀富济贫的侠义行为。

斯特拉福镇绿树成荫，风景秀丽，一些享有盛名的建筑坐落于此，比如位于艾汶河畔的13世纪建成的圣三一教堂。教堂顶部的尖塔呈六角形，塔上有10座大钟，每到盛大的节日，钟声响彻云霄。

除圣三一教堂外，还有庄严肃穆的圣十字互济会教堂。另外，镇上还有1490年建造的一座相当雅致的大桥，横跨在美丽的艾汶河上。

在斯特拉福城里，各色的街道分割了这个小镇，其中的亨利街是当地有名的皮货街，街上有一个做软皮手套的店铺。店铺的主人是个名叫约翰·莎士比亚的出色青年。

约翰出生在城北4英里处的一个名叫斯威特菲尔的美丽小村落中，父亲和哥哥都是佃农，租种贵族地主罗伯特·亚登的土地。亚登没有儿子，只有8个女儿。临终前，他指定幼女玛丽和爱丽丝作为他财产的继承人，其中玛丽继承了父亲的两座住宅、50英亩田地和6磅13先令4便士的现金。

后来，玛丽嫁给了租种她家土地的佃户的儿子约翰·莎士比亚。不过，约翰并不想步父兄的后尘继续做佃户，而是想到外面去闯一闯。于是，他带着妻子玛丽从村里跑到斯特拉福镇学做软皮手套，并在亨利街上开设了自己的店铺，生意非常兴隆。

当时，人人都要戴皮手套，而本地的制造业者又受"国会法案"的保护，所以制造皮手套是一门很赚钱的行业，而且也是当地势力最庞大的行业之一。手套业者们在铺砌整齐的市场广场大钟下选择最有利的位置，搭起摊棚，进行生产加工。直到100年之后，这里才被绸缎商人所取代。

约翰·莎士比亚经营的是细致的白皮，这是制造高级手套的原料。不过，除了主要经营手套之外，约翰在其他行业中也有涉足，比如饲养牛羊，屠宰、出售牛羊肉，还贩卖木材、谷物、麦芽（酿造啤酒的原料）等，生意做得很红火。

斯特拉福镇没有城墙，街道宽阔挺直，然而在精神上却仍旧是个禁锢、狭隘的中世纪小城镇。像英格兰的其他城镇一样，这里是根据前人传下来的一套严格方法来治理的。市镇当局竭力保护当地的实业，不允许外人介入，所有的行业都被严格控制和监管，居民们需谨遵法规以维护治安。

在小镇里，如果居民不给自己的小狗戴上口罩出门，或让鸭子在街上乱跑，或玩"任何不法的游戏"，或夏季到了晚上8点孩子还未回家，或从城里的碎石坑拉些碎石自用等，都是要被罚款的。

法规如此繁多，要想一点都不犯是不可能的，所以，城里几乎没有哪个居民没被罚过款。

在食品方面，小镇也有一套严格的中世式方法，管制着食物的价格和品质。每年，小镇会推出两名"酒官"负责管制面包师傅、屠夫、旅馆业者严守价格规定；不让酿酒业者在酿制过程中添加一些骗人的东西；也不许零售啤酒的妇女以未密封的啤酒待客。大约在1556年时，约翰·莎士比亚还担任了小镇的酒官。

次年，约翰又进入小镇的治理机构——议会，在古老而漂亮的市政大楼里开会。在开会时，还要穿着特别的袍子。如果忘记穿袍子，那也是要被罚款的。

1558年，约翰又成为这个小镇的警官之一，负责对该城的法律未有明文规定的过错加以判定、处罚等。由于表现出色，1561年，他又与约翰·泰勒一同被任命为市政官，负责监管当地的税收等。

（二）

1558年，约翰和玛丽的第一个孩子出生了，是个女儿，可惜不久就夭折了。4年后，玛丽又生了一个女儿，取名为玛格丽特，但也于次年不幸夭亡。

1564年4月23日，约翰和玛丽的第三个孩子降生了。这次出生的是个男孩。关于他出生的具体日期，是根据当地圣三一教堂教区登记簿上的记载大概推算的，上面记载着"约翰·莎士比亚的儿子威廉，4月26日洗"。

按照当时古老的天主教习俗，孩子一般在出生后三日受洗，认为这样可以洗净孩子灵魂上的原罪。所以，后人历来都认为威廉·莎士比亚是出生于1564年4月23日；而他去世的日期恰巧是1616年4月23日，生与死同月同日。这似乎在昭示人们：对于这个伟大的人物，虽死犹生。

由于是市政官员的长子，所以小威廉必须穿着白色的衣服，在河边漂亮的圣三一教堂里，体面而隆重地接受约翰·勃列奇特多牧师的施洗、命名，正式成为英国教会中的一名教徒。

此时在英国各地，宗教和政治都是密不可分的，英格兰境内的人既要效忠于英国伊丽莎白女王陛下，也必须忠诚于教会。每到星期天，如果居民们不带上自己的一家老小到教堂做礼拜，也会被罚款。

小威廉刚刚出生3个月，斯特拉福城里就发生了一场大瘟疫，半年内就有350余人丧命。幸好母亲玛丽当机立断，带着威廉离开斯特拉福城，躲到空气清新的娘家温考特，才让小威廉躲过了这一劫。

在小威廉出生的同一年，市议会剔除了一名人员，增补约翰·莎士比亚为市府参事。现在，约翰已经成为斯特拉福镇人人艳羡的社会显要——约翰·莎士比亚先生了。

不久，斯特拉福镇获得了伊丽莎白女王的弟弟——爱德华国王的特许，拥有自治权力。两年后，约翰·莎士比亚获得提名，角逐"高级州官副手"。这也是该城职务最高的官员了，与市长职位相当。第一次提名时，约翰落选了；第二次约翰终于当选。

1568年10月1日，约翰宣誓就职，任期为一年。1571年，约翰又被任命为首席参议员，任期也是一年。

如今，约翰可谓名利双收，每天要到议会厅主持会议，还有专人护送。而且身为市长的约翰·莎士比亚同时也是治安法官，并在"记录法庭"中任法官，主持法庭事务等。

按照当时的惯例，有名望有资产的家族都可以拥有自己的盾形家徽。于是，约翰向伦敦的纹章院申请批准使用盾形家徽，但未获得批准。

这以后，玛丽又先后生下3个儿子和一个女儿，分别为吉尔伯特、理查、埃德蒙和琼恩。但是，他们的寿命都不长，吉尔伯特45岁去世；1574年出生的理查39岁就去世了；而1580年出生的埃蒙特仅仅27岁便离开了人世。

（三）

威廉·莎士比亚是家中的长子，因而也理所当然地被父母寄予了很大的期望。因为父亲的缘故，小莎士比亚的童年过得无忧无虑。

母亲玛丽发现，小莎士比亚与其他孩子不同。每到星期天，孩子们都必须要与大人一起到教堂里听讲道、颂圣经、唱圣歌、做祈祷……每到这时，平素活泼好动的小莎士比亚总是会静静地坐在椅子上，非常专注地望着牧师亨利。

当时，在英国教会里讲道主要使用英语。当毕业于剑桥大学的新教徒亨利牧师听说小莎士比亚对他的讲道很"虔诚"时，就试着教他背诵《主教圣经》和《通用祈祷书》中的一些段落。小莎士比亚很快就能流利地背诵出来了，而且还能进行教义回答，这让亨利非常高兴。后来，亨利经常教小莎士比亚读一些书，他们成了好朋友。

每次从教堂回来，小莎士比亚都会把弟弟吉尔伯特和妹妹琼恩当成听众，站在他们面前大声演讲，有时像爸爸一样激情澎湃，有时又像牧师亨利一样庄严肃穆。

玛丽对儿子的表演很不解，她悄悄地问约翰：

"我们的儿子怎么会对新教那么感兴趣呢？"

约翰微微一笑，回答说：

"恐怕他不是对新教感兴趣，而是对英语感兴趣吧，要不你给他讲点与教义无关的故事试试。"

约翰猜得果然不错。玛丽后来有意地给孩子们讲故事听，无论她讲什么，小莎士比亚都听得非常认真。如果哪一天没有故事听的话，他就会显得非常失望和烦躁。有时，他还会断断续续地复述故事给弟弟妹妹们听。

玛丽明白了，是故事和文字游戏给孩子们带来了快乐。尤其是小莎士比亚，对文字和故事的兴趣最为浓厚。

当时，英格兰人都十分喜欢闲聊，斯特拉福小镇也是一样。在这个小城镇里，约翰就是个话匣子，常常成为小镇的中心人物。每当父亲和其他人在一起闲聊时，小莎士比亚都喜欢跑到他们中间去，津津有味地听着。

1569年，小莎士比亚5岁的时候，伦敦女王剧团到斯特拉福演出。当父亲约翰把这个消息告诉家人时，小莎士比亚还不知道演戏是怎么回事。

父亲告诉他，演戏就是好多演员在舞台上表演故事。一听说有故事，小莎士比亚兴奋得手舞足蹈，对看戏充满了期待。

好不容易等到了能去看戏的时刻，一家人兴高采烈地来到市政大厅内等着戏开演。虽然小莎士比亚对戏的情节难以理解，尤其对演员们大段的对白都听不懂，但这并不妨碍他看戏。尤其是看到有人从幕布后出来，一面吹着乐器一面跳舞，还有人出来连翻几个筋斗，更是觉得有趣极了。

这出戏给小莎士比亚留下了深刻的印象。也就是在那时，他开始萌发了当演员演戏的念头，并立即把这个愿望表达出来。

在回家的路上，小莎士比亚兴奋地对父母说：

"他们演得可太棒了！等我长大了，我也要演戏。"

儿子的话让约翰一阵惊讶。在那时的英国，人们对演戏都抱有偏见，认为演员是下九流，是身份低贱的象征。因此，约翰生气地对儿子说：

"你怎么有这样的想法呢？真是没出息！你这种身份的人只能看戏，绝对不能演戏！"

小莎士比亚见父亲生气了，有点害怕，不敢再说话了。幼小的他当然不知道当时人们对演员这个职业的看法，演戏在当时被认为是低贱的职业，演员的身份自然也是低人一等的。像他这样在当地有身份有地位家庭中成长的孩子，怎么能被允许去演戏呢？

小莎士比亚的话也提醒了父亲约翰，他开始思考该如何培养这个儿子。他想到了当地的文法学校，打算尽早让儿子去学校接受教育，打消他要演戏的念头。

第二章　就读文法学校

　　书籍是全世界的营养品。生活里没有书籍，就好像没有阳光；智慧里没有书籍，就好像鸟儿没有翅膀。

——莎士比亚

（一）

　　1571年，小莎士比亚7岁时，父亲约翰将他送到镇上的文法学校就读。

　　莎士比亚在后来创作的戏剧《罗密欧与朱丽叶》中，曾将放学归来的儿童比做急急忙忙赴约的恋人，而将上学的孩子比做正在分手作别的恋人。在喜剧《皆大欢喜》中，他也曾说一个学童"像蜗牛一样慢腾腾地拖着脚步，不情愿地呜咽着走向学堂"。从这些描述中，可以看出童年的莎士比亚对上学这件事并不感兴趣。

　　但是，多年以后，当莎士比亚挥笔创作戏剧时，他也许会感激父亲当年将他送入文法学校接受了良好的教育。

　　文法学校是文艺复兴时代的产物。它与中世纪基督教会创办的学校不同，学校特别注重拉丁文的学习，教学一般也都采用拉丁文，严肃而枯燥。

　　在16世纪，国际交往的重要语言就是拉丁文，类似于今天的英语。对当时的英国人来说，学习拉丁语还有一层更重要的含义：在伊丽莎白时代，英国将罗马帝国视为公民道德的楷模。据说，不列颠是由一个名叫勃鲁托斯的罗马人创立的，因此罗马人使用的语言就成为英国人语言的规范。

斯特拉福镇的文法学校在英国颇有盛名，是由市政委员会拨款的，校内设备精良，聘请的教师也都是牛津等名牌大学的毕业生。学校里每个学期只有一位教师，这名教师要担负各个年龄段学生的所有课程，待遇自然也非常优厚。而学校对市政委员会的子女们进行的都是免费义务教育。

学校执行严格的作息时间。在冬天里，每天早晨7点必须到校，夏天则是6点，然后要用拉丁文祈祷，感谢上帝让自己成为品行端正、圣洁的孩子；接下来要先上课，直到9点钟才允许吃早餐。

早餐完毕，孩子们要继续上课，一直到11点回家吃午餐。下午1点，孩子们还要匆匆返回学校，学到3点钟休息一会儿，再一直苦熬到下午5点钟放学。

学生们学习的拉丁文法基本都是用科列特和威廉·李利合编的《拉丁法》这本教材。但是，100个孩子里也未必会有一个能在以后的事业中用到拉丁文。因此，对拉丁文的学习可以说是"一种不自然的静止"，即使孩子们的水平可以欣赏旧时作者赏心悦目的文笔了，也会因文法的重负而浇灭他们想要继续学习的激情。

莎士比亚在校就读期间，任教的老师都是牛津大学的高材生，有肄业的西蒙·亨特，有毕业并获得学士学位的托马斯·詹金斯，有主持学校政务的沃尔特·洛奇。他们也像当时的老师那样，教授孩子们拉丁文语法。

不过，莎士比亚没有克里斯多夫·马罗那样幸运，能够得到慧眼良师的垂青和启发，在心中燃起对拉丁作家的喜爱。当时也没有哪个老师注意到莎士比亚的奇异之处，自然也不会想到他后来能够写出那么美好的文字。因此，莎士比亚对拉丁文没有丝毫的热爱，此后更是终生都借助于英译本来阅读拉丁文学作品。

　　除了文法之外，学校还有对话、修辞、翻译、逻辑、演说等科目的练习。学校非常注重语音的训练，强调语调的抑扬顿挫，锻炼学生在大庭广众之下说话的能力和技巧，学生必须达到吐字清晰、谈吐优美、富有音乐感。这样的语言训练无疑对莎士比亚将来成为职业演员奠定了良好的基础。

　　同时，从莎士比亚日后创作的许多人物身上，都可以看到演说家的风采。这些人物滔滔不绝的谈论、辞藻华美的抒情以及扣人心弦的独白等，都表现了作者本人在这方面的卓越才华。

　　在文法学校里，莎士比亚还学习了拉丁诗文，主要包括伊索、普劳图斯、塞内加、泰伦斯、西塞罗、贺拉斯、维吉尔以及奥维德等罗马作家的作品。其中，普劳图斯和泰伦斯的喜剧、塞内加的悲剧以及奥维德的诗歌等，对莎士比亚后来的创作影响很大。尤其是奥维德的长诗里，有许多关于古代神话和人物刻画的描述，莎士比亚后来在戏剧中所运用的神话几乎全都来自奥维德的《变形记》。在他最早的戏剧作品《空爱一场》中，他还将这部诗集当成是学童学习拉丁韵文的典范。

　　法文是文法学校中最后一门功课，但文法学校的学生在学习法文时，重点仍是学习它的语法规则和文法等。莎士比亚的法语完全是后来在伦敦时学习的，因为他还没等从文法学校毕业，就不得不辍学回家了。原因是这个时候他的父亲已负债累累，作为长子，他不得不离开学校，靠学点手艺来帮助父亲支撑起家庭。

　　在文法学校，拉丁文虽然被当做重点学科来学习，但本国语言更能轻松自如地表达自己的情感。懂得拉丁文能拥有人们的尊敬，但英文却能够为一个作家创造出思想和激情的火花。莎士比亚以其卓越的文学才华，尽情地运用发掘英国文学中的浩瀚知识，在作品中将引文运用得娴熟而极致，从而令英语大放光彩。

　　总之，文法学校的生活尽管枯燥乏味，但也为莎士比亚以后的创作奠

定了基础。在学校里受到的许多训练和培养，在他日后的闯荡和创作生涯
中都得到了最好、最充分的运用。

（二）

在莎士比亚求学时期，巡回剧团不时来到斯特拉福镇演出，演出的剧
目一般为道德剧和神秘剧。道德剧里面既有令人捧腹大笑的演出，也有富
含道德的教诲；神秘剧又称宗教剧，原来只是教会在节日时的演出，后来
加入了戏剧的成分，增强了娱乐性。神秘剧一般从《圣经》中取材，如
《最贞洁神圣的苏珊娜》；也有的是从古典文学中取材，将其中的人物以
戏剧的形式表演出来。

1575年，小莎士比亚11岁时，发生的两件事深深地刻在他的脑海当
中。

第一件是这年的7月，由于伊丽莎白女王驾临肯尼沃斯堡的莱斯特伯
爵家中做客，他和父亲去了距离斯特拉福镇不远的肯尼沃斯堡参加盛大的
庆祝活动。

肯尼沃斯堡始建于12世纪，后来伊丽莎白女王的宠臣、权倾朝野的莱
斯特伯爵又重新修建，并将它装饰一番。巨大的城堡顶上矗立着一座塔
楼，塔楼上高高飘扬着一面绣着象征族徽的莱斯特伯爵的肖像。

莱斯特伯爵为了讨女王的欢心，还举行了隆重的欢迎仪式，并且敞开
花园大门，任人出入；草地上和湖边都在举行各种演出，附近的居民纷纷
前来参观。在这个花园中，莎士比亚看到了各种珍奇的花卉、终年喷涌的
喷泉以及关在镀金笼子里的漂亮孔雀，这些都显示着主人的权势和地位。

这次活动给小莎士比亚留下了深刻的印象，他平生第一次见到这么热
闹的景象，同时，也领略到了女王至高无上的权利。

莱斯特伯爵对女王的盛情款待不仅让女王大为欢心，还进一步提高了

自己的知名度。在那几年中，由于英国"圈地运动"以及一系列的没收政策，很多农民失去了土地和财产，流落街头。对此，政府深感头痛，女王几次下令禁止乞丐流浪，违反三次者就会被处以死刑。而剧团由于需要巡回演出，演员们生怕被政府当成游民，因此纷纷寻找贵族庇护。地位显赫的莱斯特伯爵自然成为他们有力的保护伞，于是莱斯特伯爵剧团应运而生。

由于贵族的赞助和参与，演员们的地位和艺术水平有了很大提高，表演也更具感召力，剧团的规模也逐渐得到发展。莱斯特伯爵剧团改换招牌后不久，就来到斯特拉福镇演出了。约翰作为市政委员的执行官，亲自代表小镇市民接待了剧团。

对小莎士比亚来说，戏班子的生活是一道特别的风景。在5岁时，他就曾跟父亲一起看过一次演出，从此对戏剧的兴趣有增无减。这次剧团到镇上演出，他简直兴奋极了，天天一放学就跟着戏班子跑来跑去的。演员们也都很喜欢这个过分热心的小观众，时不时地逗引他说：

"来我们这里跑龙套吧，好不好？"

在莎士比亚的记忆中，这是他第一次看到真正的职业演员演出。可以想象，少年莎士比亚一定对演戏很感兴趣，也许这也正是他把毕生贡献给戏剧的最初原因。后来，他在戏剧《哈姆莱特》中曾满怀亲切之感描写了流浪剧团的演出情况。

（三）

1579年，莎士比亚明显感到家中的气氛不对劲。他先是注意到父亲在这些日子里消瘦了很多，每次吃饭时，也不像以前那样说些轻松的玩笑，或逗几个孩子说笑，而是坐在桌子前默不作声地吃饭，吃得也很少。接着是母亲把家里的女佣都辞退了，自己亲自料理家务，原先红润的脸庞也变得憔悴了。

有一天晚上，莎士比亚在临睡前偷听到了父母谈话。原来，父亲因政务繁忙而使生意受到了影响，他经营的谷物、羊毛、麦芽等生意都亏了本。在母亲的坚持下，父亲不得不将她的陪嫁房产——温考特的阿斯比斯庄园抵押给姨父埃德蒙·兰伯特。

到了1580年，家里的情况更加糟糕：父亲与当地的140个人一起被传至英国的最高法庭——威斯敏斯特皇家法庭，原因是这些人没有按时出席议会，有时还不去教堂做礼拜。这在当时被看做是破坏法律或治安的行为。同时，他们还被要求请担保，保证他们今后不再扰乱女王治下的安宁。

由于父亲没有出庭，结果被罚款20英镑。而同时，父亲因为替另一位与他处境相同的人作担保，又被罚款20英镑。

40英镑的罚款，对于一个已负债累累的家庭来说，无异于雪上加霜。

由于家庭的变故，小莎士比亚不得不提前辍学。虽然父亲一直想把他培养成一个有出息的人，让他得到最好的教育，但现在父亲已没有能力再继续供他读书了。因为他是家中的长子，下面还有弟弟妹妹，这个家需要他和父亲一起来承担。莎士比亚无奈地接受了这个现实。

抵押农庄的钱没能支撑多久。为了维持生活，父亲不得不四处借钱。虽然他已经因为忙于生意而没有按时去教堂做礼拜被罚款，可他根本顾不了那么多。

渐渐地，约翰退出了几乎所有市政活动，也不再出席市政委员的会议了。到那年的冬天，斯特拉福市政委员会作出决定，鉴于约翰的情况，让他免缴市参议员每人每周4便士的贫民赈济捐款。

不久，约翰·莎士比亚的名字从市政委员会的花名册上消失了，在斯特拉福镇的市政委员会上，再也没有了约翰·莎士比亚那活跃的身影和爽朗的笑声。他彻底告别了昔日的辉煌。

当莎士比亚结束学生生活后，他的娱乐机会，无论是在斯特拉福还是外面，都大大地减少了，他不得不协助父亲一起经商，想要恢复衰落的家境。而在离校以后到结婚之前的这段时间莎士比亚是如何度过的，由于缺乏资料，我们无法确切得知。莎士比亚可能一直在父亲的店铺里帮忙，比如在手套铺学习裁割皮料、制作手套技巧及送货等。

在为自己和家人日夜奔波的日子里，莎士比亚尝到了做生意的辛劳，还有家境败落后的世态炎凉。不过，他并没有因此而消沉。身为家中的长子，他为现在能凭借自己的能力帮助父亲养活一大家子人而感到自豪。只是，手套生意大不如前，劳累和辛苦也赚不来多少钱，所以这个家庭仍然被贫困所困扰着。

→ 德国著名诗人海涅从莎士比亚的戏剧中归纳出3种"爱情典型"：米兰达（《暴风雨》）代表"至高的精神美"；朱丽叶（《罗密欧与朱丽叶》）代表"一个青春的还有几分粗野、但却未曾破坏的、健康的时代的爱情"；克莉奥佩特拉《安东尼与克莉奥佩特拉（埃及艳后）》则代表"一个衰微的文明时代的爱情"。

第三章　婚后离乡

愚人的蠢事算不得稀奇，聪明人的蠢事才叫人笑痛肚皮；因为他用全副本领证明了自己的愚笨。

——莎士比亚

（一）

1582年末，莎士比亚刚好18岁半。这时，他做了一件令人惊讶的事：他结婚了。新娘是比他大8岁的安·哈瑟威。后来英国作家罗伊说，这位女子"是一个姓哈瑟威的人的女儿"，而此人是斯特拉福邻区一个家境殷实的百姓。

罗伊说得不错，莎士比亚的岳父名叫理查·哈瑟威，是老斯特拉福教区一个名叫夏特当的村庄里的农夫。除了家宅之外，理查·哈瑟威还有45英亩的田地，所以当时他家境殷实。

安·哈瑟威是理查·哈瑟威第一次婚姻的长女。在安·哈瑟威与莎士比亚结婚的前一年，理查·哈瑟威去世了，但他在遗嘱中给安留了一份嫁妆。

当时在斯特拉福结婚，需把婚姻预告分3个礼拜天或是假日在教堂里公布，如果有人反对，可以提出。如果不能公布预告，唯一变通的办法就是取得乌斯特国教法庭的特别执照，并请人张示保结，即向教会保证结婚后不会出现他人反对。

为莎士比亚和安的婚姻张示保结的是薛特里的两个农夫——约翰·理查斯和弗克·桑德斯，他们都是理查·哈瑟威的朋友。不过，他们并非出于友情才这样做的，他们只是专门为人提供保结服务的人而已。

通常申请执照结婚的，必须要附上理由，说明为何不能提出公告。而莎士比亚所附的理由已经流失，因此比较可能的推测是：他结婚的决定很突然，在耶稣降临节之前已没有时间提出公告了。在降临节以后一周的主显节期间，是"禁戒期"，在此期间是不能举行婚礼的。除非莎士比亚和安愿意等到下一年，否则就只能花钱申请执照了。

从这件婚姻的各种情形来看，莎士比亚与他的新娘安事先不可能经过正式的订婚仪式。在这种仪式中，双方的家长都应该是最主要的当事人。但从一些资料来看，在这桩草率将就的婚姻中，新郎的父母并没有在场。

结婚仪式是按照正常的方式进行的，婚礼地点在乌斯特"宗教法庭"，婚礼仪式由科西博士主持。书记忙中出错，将新娘的名字写成了"华特利"；在保结上，新娘的名字写对了，莎士比亚的名字又被错写成了"沙格士比亚"。

按照斯特拉福城的习俗，长子结婚后需将新娘带回父母家住，莎士比亚大概也是这样做的。莎士比亚家中房子后面有一间厢房，里面有客厅、厨房，并另外有楼梯通往二楼。婚后，莎士比亚夫妇便住在这里。

（二）

婚后第二年，安生下一个女儿，取名为苏珊娜。此后两年，他们又有了一男一女双胞胎，分别取名为哈姆莱特和朱迪丝。这样一来，莎士比亚在大约21岁时就必须操劳养活一家5口人了。

尽管如此，孩子们的陆续降生还是给莎士比亚带来了无穷的乐趣。尤其是哈姆莱特，莎士比亚非常喜欢给他讲故事。在小哈姆莱特身上，莎士比亚倾注了全部的父爱。他也像当年自己的父亲约翰一样，希望有朝一日哈姆莱特能成为有出息的人。

可惜的是，哈姆莱特的智力和身体均发育不良，不到11岁就死了，这给莎士比亚造成了很大的精神创伤。

此后，莎士比亚和安再没有生育过其他子女，也许就像他在日后创作的戏剧《暴风雨》中所说的那样：

> 在一切神圣的仪式没有充分给你许可之前，你不能侵犯她处女的尊严；否则你们的结合将不能得到上天的美好祝福，冷漠的憎恨、白眼的轻蔑和不睦将使你们的姻缘中长满令人嫌恶的恶草。

通过这句话表明，莎士比亚有可能在结婚前被诱惑，所以婚后他对妻子安的感情不是特别亲密。在结婚几年后，莎士比亚便离开了斯特拉福镇。

关于他离开家乡的原因，有说法称是因为他偷猎了托马斯·路西爵士私人森林里的鹿，路西爵士惩罚了他。为此，莎士比亚写了一首嘲讽路西爵士的诗，触怒了路西爵士。路西爵士想迫害莎士比亚，莎士比亚只好逃离家乡。但经过一些学者考证，认为这个说法并不可靠。

还有一种说法认为，在1587年时，女王供奉剧团、莱斯特伯爵剧团和埃塞克斯剧团等好几个剧团相继到斯特拉福镇演出。其中，女王供奉剧团因内部斗殴死了一个人，莱斯特伯爵剧团也因部分人员赴欧洲大陆演出，致使演员紧缺；再加上莎士比亚对戏剧的热爱，故而可能跟随剧团去了伦敦，开始了他的戏剧生涯。

莎士比亚离开家乡的确凿原因已无法考证，但16世纪是文艺复兴的时代，那个时代的精神进取而开放，许多年轻人都不甘于现状，想到外面的世界去闯荡一番。而斯特拉福小镇显然不会有什么出人头地的机会，不适应莎士比亚的发展。泰晤士河畔的伦敦却像一块巨大的磁石一样，深深地吸引着各地满怀梦想、以鸿鹄为志的青年前去。

后来，莎士比亚在《维洛那二绅士》中借一个人物之口这样说道：

> 年轻人株守家园，见闻总是限于一隅。另一个人物谈到，父亲们如何把他们的儿子送到外面去找机会：有的投身军旅，博得一官半职；有的到遥远的海岛上去探险发财；有的到大学校里去寻求高深的学问。

可以想象，莎士比亚也正是在这样的时代气氛中离开故乡斯特拉福小镇，到外面的世界去寻找更多发展机会的。

（三）

当时伦敦与艾汶河上的斯特拉福镇之间，交通是十分便利的。莎士比亚初到伦敦时，伦敦与中世纪所有的大城市基本相同，只是教堂要比其他城市多得多，因此也被称为"教堂之城"。这里教堂林立，最闻名的圣保罗大教堂在20年前，教堂塔尖发生了火灾，因围观的人把教堂围得水泄不通，阻碍了救火人员的救援，结果除了方形石基，其他都被烧光了。人们讨论来讨论去，也做了一些计划准备筹钱重建，但塔尖却再也没有重建起来。

在距离圣保罗大教堂不远的地方，有一个印刷和买卖书籍的中心。伦敦几乎所有的印刷厂和书店都在那里。书商的柜台上放着各式各样的图书：宗教书籍、英国编年史、地理学著作、游记、自然科学著作、诗集、小说，以及各种魔法书、拉丁文教科书，等等。这些书以通俗的形式，讲述了各种生动有趣的事物和引人入胜的神话传说。在莎士比亚的剧本中，各种各样五花八门的知识与这些图书是分不开的。

此时伦敦唯一的崭新公众建筑就是新建起来的皇家交易所，是为了让商人们在恶劣天气不至于在街上遭受风吹雨淋而建造的。皇家交易所占地面积很大，光楼上的回廊里就设有100多家小店。

后来，莎士比亚在他的喜剧《威尼斯商人》中描绘安东尼奥和夏洛克见面的场景时，他表现的并不是威尼斯的广场，而是伦敦的这所交易所。

流经市区的泰晤士河将伦敦分为东西两个部分。泰晤士河西岸是王室和贵族的居住区，莎士比亚曾在那里演出。城市的另一端，则是阴森恐怖的石头城堡伦敦塔，被判犯有国事罪的人都被囚禁在那里。在莎士比亚的历史剧中，伦敦塔总是会令人联想起执政者的凶残暴行。

伦敦还有许多旅馆和酒店，麦酒是当时最流行的饮料。一些街头的小酒馆是人们经常聚会聊天的好地方。莎士比亚在他的《亨利四世》中描写的"野猪头"酒店，就是当时最有名的一家小酒店。而莎士比亚本人也经常在一个名叫"美人鱼"的小酒店里与当时知名的剧作家、诗人以及演员们喝酒、聊天，探讨各种艺术问题。

伦敦人都十分喜爱音乐，街上到处都能买到各种乐谱。当地的贵族都拥有私人家庭乐队；一些流浪歌手则在街头、旅馆的院子里、集市和广场上卖唱，吸引着大量的听众。

总而言之，那个时代的伦敦基本就是这样的。热闹、充满活力，与恬静的斯特拉福镇截然不同，因此它深深地吸引了年轻的莎士比亚，他决定在这座城市里住下来。

当时伦敦城中的任何一个人可能都不会想到，就是这个从外省小镇来的默默无闻的年轻人，日后竟然成为一个英国人世世代代引以自豪的伟大戏剧家。

第四章　激发天才的时代

再好的东西，都有失去的一天；再深的记忆，也有淡忘的一天；再爱的人，也有远走的一天；再美的梦，也有苏醒的一天。

——莎士比亚

（一）

1576年前后，富有远见的詹姆斯·博比奇在伦敦北部投资创建了第一座剧院。剧院建筑风格仿照以前演出的旅馆庭院，呈环形建筑，有2到3个回廊围绕着一个露天的表演场地，场地上的舞台很突出，让观众能清楚地看到上面演员们的表演。

随后，另外一所剧院也开始修建。当莎士比亚从斯特拉福镇来到繁华热闹的伦敦时，伦敦已经有天鹅剧场、玫瑰剧场、幸福剧场和花坛剧场等多家剧场了。

刚来到伦敦时，莎士比亚只认识一个名叫理查德·菲尔德的同乡，他们的父亲曾是好友。1579年时，菲尔德就来到伦敦了，在印刷商多玛伏特·洛里埃的店里做学徒。1587年，师傅去世，菲尔德成了店主。他练就了一身好手艺，专门印制一些销路好的著作。

莎士比亚初来伦敦，菲尔德帮了他不少忙，给他介绍了不少演员和剧作家，因为他们经常到他的店里看书或印书。这些演员和剧作家知道莎士比亚想演戏后，并没有像斯特拉福镇的人们那样看不起他，而是热心地把莎士比亚介绍到一个名叫斯特基的戏剧团中。从此，莎士比亚一直与菲尔德保持着来往。后来，他的第一首叙事长诗《维纳斯与阿都尼》出版单行本，就是在菲尔德的印刷厂印制的。

16世纪80年代的伊丽莎白时期，在舞台上演戏并不是一件容易的事情。一个演员需要经过长期、辛苦的磨炼才有可能在大城市的剧团里挑大梁，担任主要角色。

当莎士比亚进入戏剧团当演员时，舞台已经变得更大、更复杂了。为了使表演更逼真，有时演员必须从戏院后台的小台上摔下来。

伦敦戏剧团的许多演员都是"从小就练功夫"的，而莎士比亚在20多岁才进入这个行业。如果仅凭刻苦训练，实在是难以胜任。而1592年时莎士比亚就已经声名鹊起了，被誉为一个极其优秀的演员。这意味着，莎士比亚一定有先天强于他人的条件：强壮的身体和美好的嗓音，同时善于在戏院仔细揣摩。只有将这两个要件完美地结合起来，并发挥到极致，他才能获得成功。

开始时，莎士比亚的处境也比较艰难，但随着经验的增多，他开始在剧中担任一些配角，凭借机智、灵活和对戏剧的痴迷，一步步走向舞台，并很快扬名。

据说，伊丽莎白女王十分欣赏莎士比亚从容、机智的演技。有一次，莎士比亚所在的剧团为女王演戏，莎士比亚在其中扮演一位国王。看戏的女王为了寻开心，就故意将自己的一只手套扔到舞台上，以此试探一下莎士比亚的反应。

莎士比亚一点都没惊慌，他一边俯身拾起手套，一边即兴发挥道：

"虽然孤王定要完成此项重要使命，但孤王还是应该先将御妹的手套拾起。"

演出结束后，莎士比亚将手套归还给女王，女王大大地夸赞了他一番。

（二）

当时，斯特基戏剧团是伦敦著名的剧团之一，初期主要表演跳跃、翻筋斗等杂耍。一出标准的戏码，通常有一半以上的特技表演。而战争和围城又是观众最喜欢看的，因此伦敦的舞台一般分成高低不同的层，上层舞台主要用来做城墙和塔楼。一个演员必须学会如何从城塔上摔下，并保证既不摔伤自己，又不会损坏昂贵的戏服，因此，特技技巧对演员非常有用。

戏团的演员还需要接受剑术训练，因为伦敦的观众对剑术技术懂得很多。即便是普通的伦敦人，也多是击剑专家，他们可不愿花钱去看几个草包演几招花拳绣腿。所以，戏院也常常雇用职业的斗剑者示范给演员看，让演员观摩学习。

一位好的斗剑者不仅需要耐力，还需要好几年的严格训练，因为伊丽莎白时代尖锐的短剑是一种非常残忍的武器，斗剑者必须学会在近距离里以手腕和前臂进行一连串凶猛而适当的刺杀，甚至要对准敌方的眼睛或胸肋以下的部位刺去。这种技术对演员来说可不容易学到！

另外，伦敦观众还很喜欢观看血腥的厮杀、断手断脚的战争场面等表演。在近在咫尺的观众面前表演把剑戳入"敌人"的脑袋，或将"敌人"的肚肠拉出来，不伤及对方，且不妨碍接下来的表演，也是一件煞费苦心的事。

在伊丽莎白时期，表演十分注重舞台效果。例如，剧情需要血流五步，就必须要让观众看到真正的血。

通过经验，演员们得知，牛血太浓稠，流不动，自然也流不到五步远。而羊血的效果要好得多，所以通常用的都是羊血。在表演厮杀的戏目时，演员们要使用手中的剑刺向"敌人"，同时按下机关，令剑身缩回；而扮演"敌人"的演员则在衣服内佩戴血囊。当血囊被剑刺中后，演员要

21

马上弯下身，鲜血便会喷涌而出。这样的效果观众看到后才会感到非常满意和过瘾。

有时，演员们也要用真剑上台表演，这时演员就必须佩戴护板。比如在一场名叫《宫廷之役》的演出中，有一场开肠破肚的戏，剧务人员事先准备了3小瓶羊血，以及一只羊的心、肝、肠、肺等器官。这样，演员们就在大白天里，为挑剔的伦敦观众上演了一出掏心挖肺的好戏。

在剧团中，舞蹈是一个考验演员体能和身体驾驭力的项目。通常在一部戏中，除了写入剧情中的舞蹈之外，在戏结束前也有舞蹈表演。曾有一位外地的游客到伦敦，看到了莎士比亚所在剧团演出的《尤里乌斯·恺撒》后说：

"剧终时，他们一起合舞，曼妙而优雅。"

与此同时，英国演员在出国表演时，国外的观众也经常会提及他们在演出时的舞蹈技巧。

这个时期，演员的舞蹈动作都激猛而富有戏剧化。伦敦的舞蹈学校里教的也都是一些复杂的舞步，如流行于十六七世纪的一种名叫"盖里要得"的双人舞等。如果一名剧团演员具有专业而出色的舞蹈水平，那么观众对他的期盼也会相当高。

（三）

剧团的演员除了具备以上各种技能外，一个最初出道的演员还要学会一人饰演两个角色或更多的角色。即使是很大的剧团，演员一般也不会超过12个，同时也请不起临时演员。这样一来，戏词短或根本没有戏词的角色就要不断忙着赶场，不断更换戏装，以便扮演不同的角色上场。

这样的演员，也许一会儿扮演贵族，一会儿又要扮演侍从、小孩、船长，甚至是鬼魅等。虽然这个角色不起眼，但却需要演员有充沛的精力和出色的记忆力，以便能熟练记忆各种不同的台词。

演员还必须有一副好嗓子。在那时，好剧本除了动作，要真正抓住观众的情绪并非完全靠演员肢体上的表演，还要有台词。在演出时，观众必须认真倾听，才能弄清各场故事的内容、演员的情感及剧本中的诗句等。

通常观众对演员们在演出时所使用的词汇特别容易动容，因为看得多，也能快速抓住演员语言中的确切含义，并完全领会其中的乐趣。所以，演员们能够清晰地说出台词，也是演出获得成功的首要条件。

演员在说台词时语速是很快的，因此呼吸的控制、语气的轻重和字词的发音等都必须完美，这样才能让观众的情绪和舞台上的演出连续不辍。

莎士比亚刚到伦敦时，演员们在演出说台词时经常会在句尾加重声音，以便能从容地在固定间歇里换气。但在此后10年中，这样的方式越来越显得拘泥古板，因此一种精巧柔美的无韵诗逐渐取代了它。不过，演员们要灵活地掌握这种诗句就更加困难了。而将这种新的创作方式推广运用的功臣，就是莎士比亚。

即便是台词的旧式写法，机械化的语调和大量的押韵都是那时演员需要掌握的，这也是件很不容易的事。那时演戏采用的都是选定剧目的方式，没有一出戏会连续演两天，演员每晚都要演出不同的角色。记不住台词的演员，在这个竞争激烈的行业根本不能待太久。而莎士比亚能够在伦敦的舞台上屹立40多年，可见其技艺和水平应该是相当了得的。

莎士比亚不仅如我们所知那样，是个杰出的剧作家，还自始至终都活跃在表演舞台上：1592年，他就已经成为一名著名的演员了；1598年，他在《人各有癖》一剧中担任主要演员；1603年，在《西加纳斯》中，他被列入"主要的悲剧演员"之一；1608年，在开始着手使用布莱克福莱尔戏院时，他仍然是戏院里的男演员之一。

可以说，自从登上戏剧舞台之后，莎士比亚一直都在坚持不懈地演出。不过，莎士比亚的抱负并不是演戏或戏院管理。在戏剧事业的初期，他就已承担起戏剧写作的工作了，而且还十分成功。

由于自己本身就是个演员，莎士比亚对与戏剧有关的一切技术方面的事务也十分熟悉。比如，他对演员的独白道词就很留意，同时还能适当地给予批评和建议。在《哈姆莱特》上演时，他就曾指出演员们在演出时所犯的通病，并给予演员恰当的指导。

所以，演员的身份也让莎士比亚较同时期其他剧作家更占优势。通常的剧作家都是按照戏院老板的要求来写剧本，根本不关心他们写的剧本在观众中会产生什么效果；而莎士比亚不同，他在自己的剧本演出时随时在场，有时还亲自在剧目中扮演角色，因此他也能确定自己的剧本是否可以达到预期的效果。这也许就是他的剧作一直能盛行到现在且持久不衰的主要原因吧。

→ 　　莎士比亚的戏剧创作可分为三个时期：第一时期（1590—1600），以创作历史剧、喜剧为主，有9部历史剧、10部戏剧和2部悲剧；第二时期（1601—1607），以创作悲剧为主，共创作了3部罗马剧、5部悲剧和3部"阴暗戏剧"或"问题剧"；第三时期（1608—1613），倾向于妥协和幻想的悲喜剧或传奇剧，主要有4部悲喜剧或传奇剧。

第五章　站在"大学才子"的肩膀上

为一件过失辩解，往往使这过失显得格外重大，正像用布块缝补一处小小的破孔，反而欲盖弥彰一样。

——莎士比亚

（一）

一个人能够取得巨大的成功，是因为他站在前人的肩膀之上。在中世纪，英国的戏剧发展经历了几个阶段。首先出现的是神秘剧，它主要是根据《圣经》中的一些故事稍作改变而成的宗教戏剧，通常只在教会节日中出演。

随着英国宗教改革运动的开展，神秘剧逐渐退出历史舞台，此后寓言剧进入英国戏剧行列。这种剧型除了进行道德说教之外，没有其他的特色，剧本缺乏人物性格的塑造，也没有生动的故事情节，因此舞台上只有诸如邪恶、善良、愚蠢、聪慧、痛苦、欢乐等拟人化的角色，非常枯燥乏味。

接着又出现了一种新的戏剧形式——插剧，顾名思义，就是在某些特定场合中演出的一种插曲式的短剧。这种剧型出现在15世纪末期，开始时与道德剧联系密切，说教性强，后来逐渐以喜剧形式代替了说教。

16世纪以后，随着文艺复兴运动的发展，人文主义思潮逐渐渗透到戏剧文学创作当中。一些大学的教师开始模仿古希腊、古罗马的戏剧进行创作，并由他们的学生来演。其中最值一提的，是16世纪30年代时伊登公学的校长尼格拉斯·犹大创作的第一部英文喜剧《拉尔夫·劳埃斯特·道埃斯特》，以及50年代时两位知识渊博的法学家托马斯·塞克维尔和托马斯·诺尔顿创作的英国第一部悲剧《高伯达克》。

不过，这些创作和演出都只限于学校这个狭小的范围之内。到了16世纪80年代，一批受过高等教育、知识渊博且拥有卓越才华的"大学才子"们才创作出一批优秀的戏剧作品，并逐渐推广到社会，这才给英国的戏剧带来了真正的革命。

"大学才子"派的主要剧作家有马洛、李利、基德等人。之所以要介绍这些人，是因为"大学才子"们既是引导莎士比亚进行戏剧创作的先驱，也是他曾经效仿的对象。正是在这些人的创作基础之上，莎士比亚才步入了自己戏剧创作的辉煌时代。

克里斯托弗·马洛（1564—1593）是"大学才子"中才华最卓越、取得成就最辉煌的一位，在文学戏剧史上享有"诗剧的晨星"、"英国悲剧之父"的美誉。他是在莎士比亚以前英国戏剧界最为重要的人物，也是文艺复兴时期英国戏剧的真正创始人。

马洛曾在剑桥大学读书，并在那里系统地学习过拉丁文、希腊文和神学等课程，还连续拿到了艺术学士和硕士两个学位。毕业后，他将自己的卓越才华献给了戏剧创作。

马洛对英国戏剧的贡献首先在于他发明了无韵诗。他创作的无韵诗气势恢弘，激情昂扬，充满了力量。这种戏剧诗体最大限度地适应了文艺复兴时期蓬勃奋发的时代精神。

例如，在他的代表作《帖木儿大帝》中，当帖木儿的爱妻泽诺克丽特将死之时，悲痛欲绝的帖木儿高呼道：

　　　把大地砍斫，让它裂成两半，

> 我们要闯进魔鬼居住的宫殿，
> 一把揪住命运三女神的头发，
> 把她们丢进地狱的三道壕沟里，
> 因为她们夺走了我心爱的泽诺克丽特。

这种充满激情的无韵诗体深深地吸引并感染了年轻的莎士比亚。在他最早创作的历史剧《亨利六世》中，当弱小的安夫人面对杀害自己丈夫的理查喷发出仇恨的诗句时，同样有着悲壮的激情与力量：

> 啊，上帝呀！
> 你造了他的血，就该为他复仇；
> 啊，大地呀！
> 你吸了他的血，就该为他申冤；
> 或是让天公用雷电击死这个杀人犯，
> 或是让大地裂开大口把他立刻吞没。

当莎士比亚刚来伦敦，还在剧院里做杂事时，马洛就已经在戏剧领域取得了辉煌的成就了。23岁时，他创作出了第一部知名作品——《帖木儿大帝》，在英国剧坛引起巨大轰动。

在这部作品中，马洛塑造了一个叱咤风云却又野心勃勃的征服者形象，充分体现了文艺复兴时期的巨人精神。同时，剧本还强调"天国的幸福绝对比不上尘世的快乐"这样的人文主义观点。在这部史诗般的悲剧中，始终表现着文艺复兴时期的一个典型主题——歌颂人间的生活、现世的快乐，从而被认为是英国人文主义戏剧繁荣的发端。

此后，马洛又创作了《马耳他岛的犹太人》、《爱德华二世》、《巴黎大屠杀》、《浮士德博士的悲剧》等多部戏剧。

遗憾的是，1593年5月30日，马洛因意外被刺身亡，年仅29岁的巨星幽然陨落，令人扼腕。

（二）

约翰·李利（1554—1606）是"大学才子"派最年长的一位，也是对莎士比亚早期戏剧创作影响最大的一位。他先后在牛津大学和剑桥大学接受教育，获得了文学学士和文学硕士学位。

约翰·李利创作了一系列喜剧作品，如《昂迪米恩》、《斑比妈妈》、《亚历山大和坎巴斯帕》等，使英国戏剧摆脱了古典和中世纪的喜剧模式，逐渐走向独立和成熟。

李利的代表剧作是《亚历山大和坎巴斯帕》，该剧取材于公元前4世纪的古希腊历史。故事讲的是：

国王亚历山大爱上了底比斯的女俘虏坎巴斯帕，于是命画师阿陪里茨为自己画一幅坎巴斯帕的画像。然而在画像过程中，阿陪里茨也爱上了坎巴斯帕。为了能与坎巴斯帕多待一会儿，画师将自己每天画好的画像都撕掉。

后来，亚历山大发现了这个秘密，但并没有惩罚画师，而是成全了阿陪里茨和坎巴斯帕的爱情，而他自己则投身于保卫国家的战斗当中。

在这部喜剧中，阿陪里茨所唱的《丘比特与我的坎巴斯帕》更是成为伊丽莎白时代最为流行的歌曲之一。

李利创作这一系列较高级喜剧的意图，就是要激起观众内在的真正快乐，让他们能有温和的笑声，而不是外在的轻松和放肆的大笑。因此，他的喜剧基本都是在宫廷演出，观众也都是上层社会的贵族等。

另外，李利还最早用散文来代替诗歌对喜剧语言进行了改革。在他之前，喜剧都是用诗体来写就的，所以自古希腊起，喜剧都被称为"戏剧诗"。

李利的喜剧是用散文写就的，观众看完他的喜剧后才发现：原来散文比诗歌能更好地表达喜剧特有的轻松幽默的情感和敏锐聪慧的思想。

李利的喜剧成为莎士比亚后来进行喜剧创作的楷模，同时李利在创作喜剧时所用的轻松流畅的笔调对莎士比亚也产生了非常重要的影响。

在"大学才子"派当中，托马斯·基德（1558—1594）是唯一一位没有受过大学教育的人，但曾在伦敦最有名的麦钱特·泰勒学校就读，这让他在拉丁文和其他学问方面都受到了非常不错的教育，使他能够在戏剧创作方面可以与那些受过大学教育的人齐名。

基德的主要戏剧作品是《西班牙悲剧》，是伊丽莎白时代第一部反映凶杀和复仇的悲剧作品。从此之后，剧坛上便涌现出大量的复仇剧，莎士比亚后来创作的悲剧《哈姆莱特》就深受其影响。

总而言之，这些"大学才子"们所取得的成就不仅照亮了他们所在的那个时代，对莎士比亚的戏剧创作也产生了深远的影响，为一颗巨星日后的诞生奠定了良好的基础，从而也预示了威廉·莎士比亚日后的崛起和辉煌。

（三）

莎士比亚早期的剧作并不出色，但他对左右观众情绪的技巧却把握得相当稳妥。以他当时二十八九岁的年纪，自然还没有深厚的功力写出《哈姆莱特》这样精彩的剧本，而观众也没有相应的心理能力来接受它。因此，莎士比亚一直都是通过创作而学习，与观众一同成长。

莎士比亚初期创作的作品显得稚嫩而拙劣，观众的反应也很平淡。但重要的也正在于此——他一直都在关注着观众的反应，并一直以观众的反应作为自己创作的基准。

天才的人并非都是一举成名，相反，他们都会经历一个比较艰难的起步过程。莎士比亚也是如此。但他很有心计，在剧院打杂期间，他就经常悄悄观察演员在舞台上的表演。当演员不足或需要临时演员时，他也会在舞台上扮演一些配角。渐渐地，他的演技不断提高，不久便被剧团吸引为正式演员。

虽然演出忙碌，但莎士比亚还是经常抽时间看书、写诗，并协助别人改编剧本。因为剧院需要不断更新剧目，这就需要有人提供剧本。为了提高上座率，好的剧本不仅价格昂贵，有时还可能供不应求，这种情况给莎士比亚提供了创作剧本的机会。

雨果曾对莎士比亚的出现这样说过：

"莎士比亚是个天才，上帝故意没有紧紧地对他加以羁绊，让他得以勇往直前，并在无垠之中自由地展翅翱翔。每隔一个时候，世界就会产生一个这样的天才。"

1589年前后，莎士比亚可能参与编写了两部历史剧，一部是《战争让大家成为朋友》，是手抄本，但没有署名，现存于不列颠图书馆，剧本写的是11世纪初有关争夺英国王位的斗争故事；另一部历史剧是《爱德华三世》，可能于1596年或1599年出版，不过也没有署名。

1589年，莎士比亚创作了第一部明确作者是他的剧作——《错中错》。这部戏剧是根据罗马喜剧学家普劳图斯的《孪生兄弟》改编的，莎士比亚将剧中原来的两个孪生兄弟又加上了一对，让情节更为复杂。

这部喜剧完全是靠误会法演绎出来的，主人公大小安提福勒斯和他们的仆人大小德洛米奥是两对孪生兄弟。当4个人在街头不期而遇时，这4个人及与他们有关的人总是把主人或仆人弄错，结果演绎出一出误会丛生、令人捧腹的闹剧。

比如，小德洛米奥奉主妇之命出门寻找主人小安提福勒斯时，在街上遇到了大安提福勒斯，两人怎么也无法说到一起去，于是大安提福勒斯将他当成自己的仆人大德洛米奥痛打了一顿。

小安提福勒斯向金匠定制了一条项链，结果金匠将项链误交给大安提福勒斯，回头却向小安提福勒斯要钱。小安提福勒斯没有拿到项链，当然不会给金匠钱，于是金匠将他送进了监狱。

小安提福勒斯错将大德洛米奥当成自己的仆人，让他回家取钱为自己担保，大德洛米奥却误将钱交给了大安提福勒斯。大安提福勒斯被小安提福勒斯的妻子误当成自己的丈夫留在家里，自己的真正丈夫小安提福勒斯却被关在门外……

这部喜剧是莎士比亚所有戏剧作品中最短的一部。戏剧虽然有他自己创作的部分，但模仿痕迹依然很浓。不过，这毕竟是莎士比亚最初的尝试，也是他从事戏剧创作的真正开始。

此后，每年莎士比亚都至少为剧团写两部戏剧。这些戏剧也开始涉及人类更为广泛的领域，直到他将整个世界的各种现象都搬到伦敦的舞台之上，用他所谓的"一整只手，或者至少一只大拇指"创作出了220多出戏剧。

第六章　第一个"四部曲"

　　时间会刺破青春表面的彩饰，会在美人的额上掘出深沟浅槽，会吃掉稀世之珍、天生丽质，什么都逃不过它那横扫的镰刀。

——莎士比亚

（一）

　　莎士比亚早期最成功、最轰动的剧作，据记载应该是有关"蔷薇战争"的三个连续的剧本——《亨利六世》上、中、下三部曲。这部戏剧主要表现的是两支王族兰开斯特家族和约克家族之间长达数十年的流血斗争。三部剧以此为中心，构成了一个有机的整体，同时又各有侧重。

　　那时十分流行有关英国历史的剧作，观众未能在学校里读过历史，自然十分急于知道自己的先王、先后们的事迹。而当时，英国军队又刚刚击败了强大的西班牙舰队，这也激起了剧作家们对都德王朝的敬仰之情。

　　他们觉得，英国人的民族自尊心和获胜的信心需要一种大众的艺术来加以体现，而且战胜强敌的英雄主义气概也需要以艺术的方式来进行宣扬和赞颂。而戏剧，可以说是最好的一种表现形式。这个主题，不再是供人们消磨时光的娱乐商品，而是成为一种反映时代生活的有效载体。

　　其实莎士比亚对"蔷薇战争"的有关历史了解得也不多，只有几本不错的史书供他参考，其中最合时宜的就是一部由拉斐尔·赫里修德根据标准资料编撰的《编年史》。这部史书分英格兰、爱尔兰和苏格兰三个部分，出版后成为标准的英国史，同时也成为莎士比亚创作历史剧的主要依据。

《亨利六世》的上篇表现的是老国王亨利五世尸骨未寒，亨利六世年幼，大权旁落到皇叔格罗斯特公爵手中。而王室的死对头温彻斯特主教又在朝中处处与小皇帝作对，小皇帝不得不软语忍耐。

同时，觊觎王位的两大家族——兰开斯特家族和约克家族也正在为王权的归属问题争论不休，因为当年亨利四世废了他年幼的侄子查理二世，自己登上王位，建立兰开斯特王朝，他的儿子亨利五世继承了父位。但亨利五世驾崩后，由他年幼的儿子亨利六世即位，不能亲自理政，因此理查二世的后代约克家族的理查·约克便准备夺取王位的继承权。

关于王权的归属问题最终形成两个派别：一派以萨姆赛特公爵为代表，拥护兰开斯特王朝。他提议，凡是与他意见一致的，就在花园中摘一朵红色的蔷薇作为标志；另一派的代表是理查·约克，他也提议，凡是支持他的，就佩戴一朵代表愤怒的白色蔷薇。

后来，两个派别的争斗发展成为一场内战，这就是著名的战争"蔷薇之战"的来历。

就在国内各派别之间争权夺势之时，法国却趁英国内乱之机夺取失地。英国英勇的将军塔尔博虽然英勇善战，但在奥尔良遭遇了法国的牧羊女贞德。她带领法国的王子查理和其他大臣说服了塔尔博手下大将、法国籍的将领勃艮第公爵倒向法国；与此同时，由于国内矛盾激烈，援助塔尔博的援军始终按兵不动，致使塔尔博陷入法军包围之中。在与法军决战的沙场上，塔尔博与儿子一起英勇地为国捐躯了。

英国掌权人对法国采取退让措施，让此时已长大的亨利六世与法国公爵侄女玛格丽特结婚，以达到英法两国和解的目的。为此，英国还丧失了大片的土地。

在这部剧作中，莎士比亚将自己的爱国热情倾注在他所塑造的英雄塔尔博身上。在舞台上，这个富于爱国主义激情的形象也受到了观众的热烈欢迎和衷心敬仰。

但同时，莎士比亚却将法国女英雄圣女贞德的角色丑化了，将她塑造成一个女巫，最后巫术消失，让她被无情的大火烧死。

不过，我们不能因此而责怪莎士比亚对历史人物的扭曲改造，除了英国的立场，还因为这只是一部戏剧而已，与历史事实不是一回事。

（二）

在《亨利六世》的中篇，莎士比亚主要写了宫廷内部的明争暗斗和历史上著名的凯特农民起义。

戏剧的前半部分中，萨福克公爵撮合了亨利六世和法国郡主玛格丽特的婚姻。与很多王室婚姻一样，这桩婚姻的实质也是一次政治交易，而且是一次对英国很不公平的交易。法国郡主不仅没有带来任何嫁妆，还让英国赔上了两块领土给郡主的父亲。

王后和萨福克公爵互相勾结，还有萨姆赛特等人，结成了"红蔷薇党"阵营，与格罗斯特公爵亨弗雷及约克结成的"白蔷薇党"展开了一场邪恶与正义的宫廷斗争。而居心叵测的约克为了夺取王位，竟然趁平民凯特起义之机纠集军队进入伦敦。

在后半部分，主要写了平民凯特的起义。这是英国历史上一次非常著名的平民起义，参加起义的大多是农民和手工业者，还包括少数对政府不满的中产阶级。

莎士比亚一方面表现了此次农民起义的合理性，起义源于贵族和王室对平民的残酷压迫，"他们动不动就把穷人们召唤到他们面前，把一些穷人们无法回答的事情当做他们的罪过，还把穷人关进牢里，甚至把他们吊死"。

　　而另一方面，莎士比亚也暴露了平民起义的盲目性和动摇性。作为一个人文主义者，莎士比亚是不赞成通过这种暴力手段来消除社会黑暗的，他寄希望于开明君主的统治。而且，这次平民起义也缺乏明确的政治斗争目标，结果成了贵族集团互相斗争的工具。站在伦敦市民的立场上，莎士比亚比较客观地再现了这一著名的历史事件。

　　《亨利六世》下篇描写的是一场争夺王位的血腥大战。为了争夺王位，"红白蔷薇"之间的战争已经到了白热化的程度，以约克公爵、他的儿子及大将蒙太古等"白蔷薇党"一方的约克家族，与以国王亨利六世、王后、萨福克等"红蔷薇党"的兰开斯特家族之间展开了一场惊心动魄的屠杀。莎士比亚借亨利六世之口，对这个手足相残、父子相屠的惨剧发出了呐喊：

　　　　唉！多么残酷的时代，狮子们争夺巢穴，却叫无辜的羔羊在它们的爪牙下遭殃！在内战的战火中，一切都将毁灭！叫一朵蔷薇枯萎，让另一朵盛开吧！倘若你们再斗争下去，千千万万的人都要活不成了。

　　这种呐喊表明了莎士比亚反对内战的态度，同时也道出了广大人民要求国家安定和平的呼声。通过这出戏，莎士比亚提醒当时的王公贵族们：内战祸害无穷！

　　整个《亨利六世》以约克家族的胜利、约克公爵的长子爱德华登基，称爱德华四世而宣布结束。

　　然而，这个胜利也是用十分惨重的代价换来的：约克公爵带军占领议会，逼亨利六世答应在他死后让位于约克家族；不甘心失败的王后玛格丽特纠集"红蔷薇党"发起反击，捉住了约克公爵的幼子路特兰，并将其杀害。接着，"白蔷薇党"首领理查·约克本人也战败被俘，并被玛格丽特王后杀害。而兰开斯特家族在这场争斗中也被赶尽杀绝，最后只剩下一个发了疯的王后，被放逐到她的娘家法国。

可是，以鲜血的代价获取了王权的约克家族并未能让英国进入一个真正和平安定的时期。这个家族内部再一次续演了一出争夺王位的流血悲剧，又将全国推入一片恐怖和战乱之中。

（三）

《亨利六世》创作完成后，莎士比亚紧接着又创作了《理查三世》，这部剧在时间和剧情上都与《亨利六世》的下篇紧密连接在一起。剧本主要描写了爱德华四世的弟弟理查在争夺爱德华四世的王位时所采取的各种阴谋狡诈的手段。在这部戏剧中，莎士比亚第一次以一个人物为中心来组织情节。

在《亨利六世》中，莎士比亚已提前为理查塑造了一个完整的形象：外貌丑陋，体态畸形，一只胳膊萎缩得像枯树枝，脊背高高隆起；两条腿一长一短，身上没有一部分是长得协调的。也许正因为如此，才形成了他那强悍残忍的性格。在战场上，他是个战无不胜的赳赳武夫。在约克家族尚未取得胜利前，他就已经显露出了他的野心：

> 我对于遥远的王冠抱着热望，我痛恨我面前的重要障碍，我立志要将这些障碍扫除。在我的一生当中，直到我把那灿烂的王冠戴到我这丑陋的躯体上端的头颅上以前，我把这个世界看得如同地狱一般。

在这部戏剧当中，莎士比亚将理查三世塑造成一个封建暴君的形象，简直可耻到无以复加的地步。在创作过程中，莎士比亚运用了多种手法来塑造这个人物，对他出生时的描写就运用了极度夸张的手法。

剧中写到，理查三世出生时，"夜鸟悲鸣，恶狗嗥叫，狂飙吹折树木"，他"一生下时就两腿先着地，满嘴生牙"……

顿时，一个未来混世魔王的形象跃然纸上。

同时，莎士比亚还通过大量的内心独白，揭示了理查三世内心的丑陋和险恶。他狡诈、虚伪，他口蜜腹剑、两面三刀的手段，也令他成为一个天才的恶人。他对自己有着清醒的认识，他的一段精彩的"自画像"式的独白是这样说的：

> 我有本领装出笑容，一面笑着，一面动手杀人；我对使我痛心的事情，口里却连说"满意满意"；我能用虚伪的眼泪沾濡我的面颊，我在任何不同的场合都能扮出一副虚假的嘴脸。我比蜥蜴更会变色，我比普洛透斯更会变形，连那杀人不眨眼的阴谋家也要向我学习。我有这样的本领，难道一顶王冠还弄不到手吗？

即使这样一个狡猾的人物，最终也因罪恶累累、民心所背而被前来讨伐的里士满伯爵打败。至此，英国历史上最为动荡的时期才算结束，英国开始进入一个新的王朝——都德王朝统治时期。

莎士比亚的第一个历史剧"四部曲"就这样成功地对英国历史上多灾多难的兰开斯特王朝进行了全景式的展现，在思想和艺术上取得了一定的成功，为他以后的艺术创作打下了良好的基础。

《亨利六世》的三部戏虽然是一个具有远大志向的青年人的青涩之作，里面具有许多不足之处，但它的上演仍然令当时的观众震惊不已。

以前玫瑰剧场的剧目演出时上座率并不高，直到1592年2月26日上演了马洛的一出戏剧《马耳他岛的犹太人》后，才逐渐扭转了这种状况，老板亨斯洛在他的账本上的记载显示这部戏让他收入颇丰。

但令他兴奋的还在后面。1592年3月3日，剧场上演了莎士比亚编写的历史剧《亨利六世》和《查理三世》，结果观众好评如潮，接连几天都盛演不衰，创下了这个剧团演出票房的最高纪录。

由于本身就是演员，熟悉观众看戏的心理，因此莎士比亚的这两部戏掌握了观众的"期待视野"这一文学接受规律，不仅成功地塑造了塔尔博的英雄形象，同时也成功地塑造了查理三世这个充满邪恶的人物，使之能够深深地吸引住观众，散发出巨大而独特的艺术魅力。

评价莎士比亚历史剧的权威人物迪利亚德曾将《亨利六世》三部曲和《查理三世》称为莎士比亚历史剧的"第一个四部曲"。因为这四个剧本不论是创作实践，还是剧情发展，都是紧密连接的，它们共同以戏剧的形式完整地再现了英国的近代历史。

→ **莎士比亚1564年4月23日出生，1616年4月23日去世，举世闻名。在整整52年的生涯中，他为世人留下了37个剧本、一卷十四行诗和两部叙事长诗。他的剧本至今还在世界各地演出。在他生日的那天，每年都有许多国家在上演他的剧本来纪念他，就连伟大的思想家马克思都称他是"最伟大的戏剧天才"。**

第七章　步入诗歌领域

一个骄傲的人，结果总是在骄傲里毁灭自己。

——莎士比亚

（一）

在《亨利六世》和《查理三世》获得巨大成功的这一阶段，莎士比亚还创作出另一部比较成功的剧作，名为《泰特斯·安德洛尼克斯》。这是一出血腥味更为浓烈的复仇悲剧，表现的是一段虚构的插曲，以说明罗马帝国衰亡时的情形。

莎士比亚在这部戏中描写了很多令人不快的情节，引用了许多历史典故，这与莎士比亚的其他作品有较大出入。但这部剧中有震撼力的恰恰就是那些令人不快的场面，其中的一些对白不但具有艺术力量，甚至达到了优美的程度。这也是莎士比亚的戏剧创作从初期逐渐走向成熟的标志。

不过，莎士比亚可能觉得血腥、屠杀的场面过于沉重了，给自己和观众都造成了较大的心理压力，也许应该给观众换换口味，因此，他接下来创作了一出轻松幽默的滑稽喜剧《驯悍记》。

对这一题材的选择，可能是莎士比亚小时候在家乡看到或听到的关于对悍妇别具一格的惩治。斯特拉福镇的市政委员会对当地的悍妇驯服有着不可推卸的责任，他们要将悍妇泡在艾汶河中，以便可以消消她冲天的火气。这样的事可能给莎士比亚留下了较深刻的印象，因此他想用戏剧的方式来表现这一轻松幽默的主题。

《驯悍记》采用了"以其人之道还治其人之身"的方式，写了一个具有冒险精神的男子彼特鲁乔驯服泼辣女凯瑟丽娜的幽默故事。

在故事的开头，彼特鲁乔从海上漫游到帕杜亚，准备物色一个年轻貌美而富有的女子为妻。正好在帕杜亚有这样一位女子凯瑟丽娜，她的父亲也正急于把她嫁出去，于是发出告示，让年轻的男子来求婚。可是，前来求婚的男子都被脾气暴躁的凯瑟丽娜贬得一文不值，灰溜溜地离开了，谁也不敢娶她。

不过，这名女子的坏脾气不但没有吓走彼特鲁乔，反而还激起了他勇敢好斗的个性，他决定与凯瑟丽娜较量一番。

于是，彼特鲁乔勇敢地前来征婚。而凯瑟丽娜认为彼特鲁乔和其他的求婚者一样，是个枯燥无味又没本事的家伙，一见面就给了彼特鲁乔一个响亮的耳光。

然而，彼特鲁乔不但没生气，反而还用亲昵与爱怜的嘲讽口吻与凯瑟丽娜说话，对她的粗鲁报以快活的嘲笑，还称她温柔可爱。他一反以往求婚者那种献媚、胆怯，而是用嘲讽来惹恼凯瑟丽娜，让凯瑟丽娜无可奈何。虽然她还很嘴硬，但心里已经服软了。

所以，当父亲和彼特鲁乔商量他们两人的婚事时，凯瑟丽娜一点都没有反对。不过，彼特鲁乔并没有因为获得凯瑟丽娜的认可就放弃对她的惩治。

婚礼结束后，两个人一起回家，彼特鲁乔故意让凯瑟丽娜冒雨连夜赶路，到家后也不让她取暖、沐浴、吃饭，而是直接命令又冷又饿的凯瑟丽娜上床睡觉。

当凯瑟丽娜做好饭后，他又挑剔地说她做的饭菜太难吃，惩罚她不许吃饭；凯瑟丽娜穿上漂亮的衣服，彼特鲁乔讽刺她穿上这样的衣服简直难看极了。

　　渐渐地，凯瑟丽娜终于明白，彼特鲁乔是用自己反常的言行来给自己做一面镜子，让她看到自己的言行是多么无礼可笑。从此，她再也不撒泼了。

　　这部轻松幽默的滑稽喜剧上演后，马上就赢得了观众们的喜爱，也给剧院创造了可观的收入。

　　在不断尝试各种创作的期间，莎士比亚又尝试了另一种写作方式。早在10多年前，文学泰斗约翰·李利就写过一部非常出色的小说，名为《尤菲斯》。书刚一出版，一些作家便竞相效仿。在这部小说中，李利运用了夸张的文体和华丽的辞藻，其夸饰的特色也成为当时作家模仿的对象。在这种风气的影响下，莎士比亚也创作了一部戏剧——《空爱一场》。

　　在这部戏剧中，莎士比亚证明了自己在写作方面的无所不能，而且表现十分优异。这部作品风格适度而活泼，一如"盖里要得"（流行于十六七世纪的一种轻松活泼的双人舞）的舞蹈，无意中让人以严肃的眼光来估量它。从这时起，莎士比亚才算正式走入文学的大殿堂，开始窥知维系观众笑浪不断的窍门。莎士比亚玩着文字游戏，愉快地模仿着当时的各种文学时尚，从"尤菲斯文体"至十四行诗，不一而足。

　　在剧中，莎士比亚还描述了一群热心逗趣的业余演员，他们费尽心神地上演一出戏，惹得那些贵族观众不断对他们轻嘲笑谑。

　　莎士比亚笔下活泼、喜欢调侃与嘲弄的青年贵族，以及快活、机智的贵族少女，首次出现戏剧当中。虽然这些与他日后所写的戏剧比起来显得较为老套，但他们不停地以文艺复兴时期的观点来讨论爱的主题，同时又体现出了生命的活跃气息。

　　《空爱一场》是一部伦敦人的戏，是为那些懂得戏谑文辞的人所写的。之所以能够写出这部戏，完全因为作者莎士比亚善于观察、倾听生活，并能将其融入到城市贵族的圈子当中。它虽然是一出城市戏，但却很少有伦敦人敢用两首乡村歌曲来终结全剧，尤其是最后的《冬之歌》，更是描绘出了寒冬里真正的乡村景致。

（二）

大约1591年左右，莎士比亚结识了桑普顿伯爵。当时，许多诗人和人文主义学者都聚集在年轻的桑普顿伯爵家中，因为桑普顿喜爱戏剧，莎士比亚的演技和创作才华也获得了桑普顿伯爵的赏识。

在伯爵家中，莎士比亚有幸结识了很多在文学和艺术方面都很有造诣的才华出众的人物，如伯爵的老师、意大利人约翰·弗洛里奥，他将但丁和彼特拉克的语言教给了天资聪颖的莎士比亚，让莎士比亚在后来的戏剧和诗歌创作中，不仅体现出质朴的民间特色，还蕴含有贵族们所喜爱的华丽色彩。

此后，莎士比亚便成为桑普顿伯爵家中的常客，经常在那里与一些诗人或作家等讨论文学知识，但更多的是谈论戏剧。这种经历非常有利于推动莎士比亚的戏剧创作。

莎士比亚刚来伦敦时，正赶上英国与西班牙交战，最终英国获胜。然而经历了战争的惊扰和胜利的狂欢之后，接踵而来的却是鲸吞生灵的大瘟疫。

1592年夏，被人们称为"黑死病"的鼠疫开始在伦敦蔓延，并一直持续了近一年的时间。短短一年的时间，伦敦大约有1.5万人丧生。在疫情高峰时，每周死亡人数都达上千人。

为了防止疫情的传播，伦敦市政当局下令禁止民众集会，剧院自然也遭到了关闭的命运，甚至整整关闭了9个月。

此次瘟疫灾难一直持续到1593年下半年才渐渐销声匿迹，而伦敦的剧院也直到1593年年底才解除禁令。

在这段剧院生意萧条的时期，不少演员只能到乡间去流浪演出，但莎士比亚并未离开伦敦。由于暂时不必为剧院写戏剧，他就开始尝试进入一个新的领域——诗歌，这也是他早年的一个梦想。

这时莎士比亚的手里有了一些积蓄，足以维持他的日常生活。虽然瘟疫随时会来到他身边，甚至夺走他的生命，但他并没有放下笔，而是要与瘟疫斗争，实现自己诗歌创作的梦想。

当时，十四行诗、意大利优美的音乐和华丽的服饰被认为是文艺复兴时期新文化的表现，莎士比亚的诗歌创作自然也受到这种风气的影响。那时，上流社会非常流行写叙事诗和爱情十四行诗，几位著名诗人所创作的作品也已在上流社会传诵，如斯宾塞的《仙后》、西德尼的《阿斯特洛菲尔和斯黛拉》等。

此时已能够进入上流社会聚会的莎士比亚自然也受到这些诗歌的影响和熏陶，因为当时戏剧在人们心中的地位还不算高，而诗歌才占有崇高的地位。莎士比亚尝试写诗歌，一是想实现自己的梦想，二是想借诗歌献给他的庇护人桑普顿伯爵，以表达对伯爵的感激之情。

这期间，莎士比亚创作的诗歌主要包括两首叙事长诗《维纳斯与阿都尼》和《鲁克丽丝受辱记》，以及一部《十四行诗集》。可以说，如果莎士比亚没有创作戏剧，作为一个诗人，他同样能取得辉煌的成绩，在世界文学史上留下盛名。

（三）

《维纳斯与阿都尼》大约写于1592年，并于1593年出版，它首次为莎士比亚在文坛上赢得了声名。

这部长诗的题材取自于罗马诗人奥维德的作品《变形记》。在这首长诗中，莎士比亚再现了文艺复兴时期人们对爱情与个性解放的追求精神。从诗的第一行开始，诗人就将读者引入到事件的中心：

　　爱和美的女神维纳斯对人间的美少年阿都尼一见钟情。她热情似火，不顾一切地向阿都尼求爱、调情。尽管她变着花样想引起阿都尼的爱恋，但阿都尼却表现得冷若冰霜，对女神的爱情置之不理。他甚至蔑视维纳斯的这种单纯的肉欲之爱：

　　　　我对于爱并不是一律厌弃，
　　　　我恨的是：
　　　　你那种不论生熟、人尽可夫的歪道理。
　　　　你说这是为生息繁育，这真是谬论怪议。
　　　　这是给淫行拉纤撮合，却用理由来文饰。

　　阿都尼将真正的爱情视作圣洁的感情，认为维纳斯的爱不是"爱"，是"欲"。他严肃地对维纳斯说道：

　　　　这不是"爱"，因为自从世上的淫奔不才，硬把"爱"的名义篡夺，"爱"已向天上逃开。
　　　　"欲"就假"爱"的纯朴形态，把"青春之美"害，使它的纯洁贞正，蒙了恶名，遭到指摘。
　　　　"爱"使人安乐舒畅，就好像雨后的太阳；"欲"的后果，却像艳阳天变得雨骤风狂。
　　　　"爱"永不使人厌，"欲"却像饕餮，饱胀而死亡。
　　　　"爱"永远像真理昭彰，"欲"却永远骗人说谎。

　　在给维纳斯讲完这一通"爱与欲"的道理之后，阿都尼挣脱维纳斯的怀抱，扬长而去，令女神哀婉不已。
　　最后，阿都尼因为没听维纳斯的劝告，在一次打猎中被野猪咬死了。

维纳斯悲痛欲绝，对爱情心灰意冷，带着从阿都尼血泊中诞生的一朵名叫白头翁的红白相间的花，飞离了这痛苦的人间，回到塞浦路斯岛的神庙去过神仙的隐居生活了。

这一次爱情经历也让维纳斯认识到了爱与欲。从此，维纳斯的形象变得神圣而纯洁。

《维纳斯与阿都尼》这部诗如果是绅士之作可能根本就不会出版，因为上流人士的作品只以手抄的方式流传，不会在书摊上售卖。但莎士比亚不一样，他急于要出书，最后他选中了自己的同乡兼好友理查德·菲尔德替他出版。理查德·菲尔德住在布莱克福莱尔，拥有自己的印刷所，是伦敦获准营业的22家主要印刷业者之一。

理查德·菲尔德不仅将莎士比亚的诗印刷出来，还成为莎士比亚的出版人。1593年4月18日，他与"伦敦书商、文具商、出版商公会"共同发表声明，称自己是"《维纳斯与阿都尼》一书的拥有人"。该书还领有惠特吉福特天主教及公会理事之一所发出的执照。同时，理查德·菲尔德还将这项资料登录在《出版家名册》中，这也就相当于现在"版权所有"的通告了。

当然，出版商也付给了莎士比亚一笔稿费。据估计，莎士比亚大约从菲尔德那里拿到2磅的稿费。虽然很低，但已经很公道了，因为他当时还是个无名小卒呢！

出版后的《维纳斯与阿都尼》获得了很大的成功，在莎士比亚有生之年就印行过10版。这本漂亮的小册子让人们读了又读，最后甚至都脱页了。另外，在此后的许多文选中也大量地引述了它。

当时的出版物都很流行作者将自己的作品献给一位声名显赫的贵族，比如斯宾塞就曾将他的得意之作《仙后》献给伊丽莎白女王。莎士比亚也不例外，在这部诗集出版后，他将其献给了自己的庇护人桑普顿伯爵，以感谢伯爵对自己的照顾和欣赏。

在《维纳斯与阿都尼》的卷首，莎士比亚还写了这样的献词：

献于桑普顿伯爵兼蒂奇菲尔男爵亨利·里兹利阁下：

我将我粗陋的诗篇献给阁下，不知是否会冒犯您，也不知世人会如何责备我竟会选择这样坚硬的柱石来支持如此纤弱的东西。然而，只要阁下稍微快意，我就自以为受到了高度的夸奖，并誓将利用有生之暇日，竭尽自己微薄之力，创作出不负阁下喜欢的作品。但倘或我创作的这篇初次问世之作不堪入目，那我将从此不再耕种这贫瘠之地，以免再有这样恶劣的收成。

请阁下雅览，并请阁下明鉴。

祝阁下万事如意，并满足世人对阁下的期望。

您的仆人：威廉·莎士比亚

莎士比亚之所以写出这样辞藻华丽、谦恭委婉的献词，并非是对他的庇护人的阿谀奉承，而是当时的社会风气本来如此。既然诗歌占据着崇高的地位，那么题献者的地位越高，作品的价值也就越大。而这种献词必须过高地夸耀题献者，且作者的态度要十分谦卑，这样才能显出作者的诚心。这属于当时的一种礼节。莎士比亚遵照当时的这种礼节题献词，并不是卑躬屈膝。

（四）

《维纳斯与阿都尼》获得成功后，莎士比亚与桑普顿伯爵的关系更加密切，而且莎士比亚还从伯爵那里获得了丰厚的奖赏。一年后，莎士比亚为回报伯爵，又写出了第二首长篇叙事诗《鲁克丽丝受辱记》。

《鲁克丽丝受辱记》的题材来源于奥维德的《罗马岁时记》等作品，

讲述的是古罗马的一个故事。在诗的开头，作者交代了事件发生的原因：

鲁克丽丝是古罗马将领柯拉廷的妻子，美丽、贞淑。罗马王子塔昆被鲁克丽丝的美貌和德行所吸引，趁柯拉廷在外作战之机来到柯拉廷的城堡，凭借王子的身份受到鲁克丽丝的热情接待，并在堡中留宿。

当夜，塔昆潜入鲁克丽丝的卧室，用暴力玷污了她。鲁克丽丝伤心欲绝，派人请回她的丈夫和父亲，揭露了塔昆的恶行，要求他们立誓为她报仇，然后愤然自杀。

这一罪行被揭露出来后，激起了罗马民众的公愤，塔昆家族被逐出罗马，国政也归执政官执掌。

莎士比亚通过这首诗间接地表达了男女之间的情欲和道德的关系，那就是：情欲必须遵守一定的道德准则，否则就会导致不幸和灾难，害人害己。

同时，鲁克丽丝的自杀也向人们昭示了女性应不惜牺牲自己的生命来捍卫自己的贞洁，这实际上是在捍卫做女人的尊严。鲁克丽丝用死亡挽回了自己的声誉，惩处了恶人，同时也为国家清除了一大昏君，所以，许多批评家都将她的行为看成是智慧和英勇的英雄行为。

《鲁克丽丝受辱记》出版后，同样得到一片赞扬之声，再一次显示出莎士比亚驾驭诗歌这一体裁的非凡才能。为此，莎士比亚也被誉为伊丽莎白时代最优秀的诗人之一，这个称谓是当之无愧的。

同行们对莎士比亚的才华也给予了肯定和赞誉。1597年，当时的讽刺诗人托马斯·维威写了题诗《给威廉·莎士比亚》，赞扬他的诗歌语言优美，尤其是他塑造的维纳斯和阿都尼、鲁克丽丝和塔昆，形象鲜明、生动，想象力十分丰富。

剑桥大学的学者加波利艾尔哈维还指出莎士比亚的《维纳斯与阿都尼》和《鲁克丽丝受辱记》两首诗适合了不同受众的需求：

"青年们迷恋《维纳斯与阿都尼》，富有理智的人则选择《鲁克丽丝受辱记》。"

1598年，抒情诗人理查·巴恩菲尔德也高度评价了莎士比亚和他所创作的这两首诗，肯定了它们的文学价值。他给这两部作品的评价是：

> 莎士比亚，你那流着甜蜜的诗行，
>
> 取悦了世人，使你得到赞美；
>
> 你的维纳斯与鲁克丽丝，
>
> 甜美而贞洁，
>
> 你的美名已经写在不朽的书上，
>
> 你的声誉将永远常在：
>
> 汝身虽败，汝名不朽。

这一次理查德·菲尔德没有出版《鲁克丽丝受辱记》，这份荣耀被约翰·哈里圣获得了。此时这位出版商很清楚：威廉·莎士比亚的作品会是很有价值的商品，因此他仍然让理查德·菲尔德把新书印刷出来，而他自己去申请版权，并于1594年5月9日将《鲁克丽丝受辱记》登录在《出版家名册》之上。

同时，约翰·哈里圣还想再版《维纳斯与阿都尼》，因此在这年6月与理查德·菲尔德达成协议，将《维纳斯与阿都尼》的版权买了过来。

这两首诗的成功让莎士比亚在1594年春叫人既羡且妒，初出道的诗人还能再要求什么呢？庇护人有钱、有影响力，对他甚感满意，同时还是地方上最尊贵的人；他的出版商又是那一行业中顶尖的要人，并且对他的兴趣也很浓厚。

此外，他还开始获得评论家们同声的赞赏，尤其"非常值得颂赞的鲁克丽丝"更是如此。在人们眼中，莎士比亚已经成为一个具有一定地位的人了。

第八章　开始喜剧创作

当我们还买不起幸福的时候，我们绝不应该走得离橱窗太近，盯着幸福出神。

——莎士比亚

（一）

1594年春，可以说是莎士比亚写作生涯的转折点。《维纳斯与阿都尼》已经成功，《鲁克丽丝受辱记》也正在迈向成功。然而，如果莎士比亚继续在这条道路上行走，为伯爵和伊丽莎白时代的读者写诗，那么他那善于刻画角色的天才就可能会永远被埋没。

当时的确很流行这种辞藻漂亮华丽的诗，其中满是细枝末节，就像织造精致的缎锦，然而它们却缺乏生命气息。到16世纪90年代末期，这些文艺复兴时期的诗作便渐趋尾声，莎士比亚的作品也随之销声匿迹。他的作品只能吸引文学界的那些宿儒们，对大众而言，毫无意义。

一个作家之所以能够成为大家，在于他具备一种直觉，知道如何避开可能会毁灭他的陷阱。不论莎士比亚当时是否具备这种直觉，他的天才的确需要依赖完全的写作自由才能发挥到极致。当时，莎士比亚可能比任何人都需要有足够的空间，能让他在没有任何文学规则的障碍与文学专家琐碎的评论之下，随心所欲地进行创作尝试。

然而，不论是桑普顿为他提供的狭窄圈子，还是任何特别的文学流派和风气等，都不能为莎士比亚提供这样的空间，令他获得发展。唯一能给予他这种自由的，就是伦敦剧院的"便士观众"们，是寻常的伦敦百姓们。他们并不依据意大利的三一律或法国小说在意的相称、合宜的原则来论断，而是全凭直觉的喜好来下评语。他们也不愿意将字句奉为主人，毕恭毕敬地依照最好的规则来安排，而是要将字句作为仆从，为他们带来真实的人物和真实的情感。

在经历了戏剧创作初期的成功与诽谤，躲过了吞噬生命的可怕瘟疫，取得了在诗歌领域的梦想与成功后，莎士比亚的心思逐渐又回到戏剧创作上来。而且1594年底，伦敦的各个剧团也都紧锣密鼓地重新开张了。

首先恢复演出的是菲利普·亨斯洛的玫瑰剧院。当时，在亨斯洛剧院演出的有一个是受海军大臣庇护的"海军大臣"剧团，这个剧团拥有当时杰出的悲剧演员爱德华·艾伦，他演出用的剧本都是马洛和基德等名人的剧作。

亨斯洛老板非常精明，他见艾伦红遍伦敦，就将自己的女儿嫁给他。这样一来，玫瑰剧院与"海军大臣"剧团等于是翁婿一家了。为了让生意更加红火，亨斯洛老板还将玫瑰剧院重新装修一番。

瘟疫过后不久，另一个剧团——"政务大臣"剧团要求租用玫瑰剧院。就在这时，在外地演出的"海军大臣"剧团也回来了。可能是一山难容二虎，"政务大臣"剧团后来搬离了玫瑰剧院。

这一看似寻常的举动，亨斯洛老板当时也未加多想，但此后"政务大臣"的发展肯定让他后悔不已。因为跟随"政务大臣"剧团的不仅有青年悲剧演员理查德·博比奇，还有刚刚加入该剧团的青年戏剧作家莎士比亚。从后来的发展来看，亨斯洛老板放走的不仅是一个剧团和一个知名演员，还有一个可以让他富得流油的剧作家。

（二）

　　"政务大臣"剧团是受伊丽莎白女王的堂兄和亲信亨斯顿勋爵庇护的，成立于1594年春。亨斯顿是枢密院的一名议员，曾在宫中任政务大臣，因此他的剧团便被称为"政务大臣"剧团。这位宫内大臣虽然不能给他的剧团提供场地和费用，但他负责宫中的娱乐宴饮事宜，可以保护剧团免受痛恨戏剧娱乐的清教徒的迫害，还能为它提供在宫内演出的机会。

　　剧团刚成立不久，莎士比亚就加入进来。剧团为他提供场所，他为剧团提供剧本，还有更重要的，就是给他和博比奇、肯普等人的合作带来了机会。

　　在该年度的宫廷圣诞表演中，莎士比亚曾是列名接受酬劳的三位演员之一。在此后的16年中，莎士比亚一直都生活在这个剧团中，与团员们建立了亲密的情谊。而且，他所在剧团中的每个人都能力高强且聪明机智。

　　伊丽莎白时代的剧团，人人荣辱与共，他们的财务情况完全依靠无私而明智的合作来维持。服装、道具、剧本等，也都是团员们共有的。莎士比亚所在的剧团中甚至还有一个创举，那就是共有戏院。

　　大家共有财产而不发生纠纷，其所依赖的不是任何法律条款，而是彼此之间的友谊和信任，每个演员都必须心甘情愿地以团体福利为主，个人利益为次。在以后的10年中，其他一些剧团的股东们都费尽心思地拟就许多条文，只关心自己的利益，不关心剧团的发展，结果不少剧团都在纷纷攘攘的官司中关门了。

　　为了应付日常必要的开支，"政务大臣"剧团由8个股东组成，分别为威廉·莎士比亚、理查德·博比奇、威廉·肯普、托马斯·波普、奥古斯汀·菲利普斯、乔治·布莱恩、理查德·考利和约翰·海明。他们共同集资700磅组建了这个剧团。

　　在这个剧团中，理查德·博比奇是著名的悲剧演员，威廉·肯普是滑稽喜剧演员，约翰·海明后来成为剧团经理，并在1623年成为《莎士比亚全集》的两位主编之一。

这里也让莎士比亚有了稳定的收入和工作场所，心情十分愉快。因此这一时期，莎士比亚也创作了几部浪漫喜剧。

在创作了《错中错》和《驯悍记》之后，莎士比亚的喜剧创作逐渐走向成熟。而且随着这两部喜剧的成功，他也洞悉了观众最感兴趣的故事类型，那就是男欢女爱的爱情故事。因此在随后创作的几部喜剧当中，"爱情"成为他创作的重要主题。

爱情虽然不是文学的唯一主题，但对于莎士比亚来说，爱情却是他一生创作的重要主题。在中世纪，基督教禁欲主义的思想和封建观念占有绝对的统治地位，人的许多正常欲望都无法得到释放。教会宣称：人生来就有所谓的"原罪"，人来到这个世界上是为了赎罪。而只有尽量禁绝一切欲望，灵魂才有可能获得拯救，人死后灵魂才能升入天堂。

到了文艺复兴时期，人文主义者彻底打破了这种思想的束缚，宣扬人是这个世界的主宰，人性也是高贵而有尊严的，人有权利追求幸福，享受现实生活的快乐，而爱情更是人类生活的重要组成部分。因此这一时期，爱情也被人文主义作家视为创作的重要题材。

人文主义者还赞美友谊，这也是他们反对封建观念、肯定人的权利的内容之一。与严格的封建等级制度相对立，人文主义者的理想是建立一种人与人之间平等和谐的关系，不论贫富贵贱，人们在精神和权利上都是平等的。作为一个人文主义文学家，莎士比亚在他的喜剧中除了歌颂爱情之外，也同样歌颂友谊。

莎士比亚早期共创作了9部喜剧，这些喜剧的基本主题都是赞颂真挚的爱情和忠诚的友谊。这些喜剧都充满了浪漫的情节，具有强烈的抒情气氛，所以他的喜剧也被称为"浪漫喜剧"或"抒情喜剧"。

（三）

《维洛纳二绅士》是莎士比亚在浪漫抒情喜剧上的第一次尝试。这部喜剧除了描写爱情之外，还有作家所赞誉的友情。

这部作品比之前的两部喜剧有了更大的进步，剧中闹剧的成分明显减少，而增加了许多未知的领域，这也为莎士比亚后来的喜剧创作奠定了基调。

剧中的"维洛纳二绅士"指的是范伦丁和普罗迪斯两个人。作者通过这一对好朋友在爱情上的经历波折来显示两个人不同的态度和人格，整部喜剧都充满了诙谐的气氛和欢快浪漫的色彩。

戏剧一开始，是普罗迪斯送自己的好朋友范伦丁上船前往米兰。此时的范伦丁还是不知爱情为何物的单纯青年，他不愿将青春时光浪费在无聊的情爱之中，认为爱情会让他变得愚蠢，因此决定离家到米兰去见见世面。

普罗迪斯本来想和范伦丁一起前往的，但却被情人茱莉亚的柔情羁绊，不能离开她四处奔波。一天，普罗迪斯刚刚与茱莉亚通完炽热的情书，父亲见他整天无所事事，就吩咐他也到范伦丁供职的公爵那里找份工作做。

这对正处于热恋中的普罗迪斯来说，就像是"太阳的光彩刚刚照耀大地，片刻间就被遮上了一片黑沉沉的乌云"一样。不过，父亲的命令是不能违抗的，满怀愁绪的普罗迪斯尽管十二分不愿意，也只能与茱莉亚依依惜别。

在临走前，普罗迪斯与茱莉亚交换了爱情戒指，发誓永不变心，终身相许。然后，他收拾行囊到米兰去找范伦丁了。

此时身在米兰的范伦丁已经尝到了爱情的甜蜜，因为他已经陷入情网当中，爱上了公爵的女儿西尔维娅。面对美丽的西尔维娅，范伦丁那颗高傲的心在伟大的爱情面前俯首称臣。他说：

"爱情是一个有绝对威权的君王，我已经在他面前甘心臣服，他的惩罚使我甘之如饴，为他服役是世间最大的快乐。现在，我除了关于恋爱方面的说话以外，什么也不要听；单单提起爱情的名字，便可以代替我的三餐一宿。"

普罗迪斯找到范伦丁后，范伦丁在自己的好友面前用最美丽的字眼夸耀了自己的恋人西尔维娅。出于对好友的信任，他还无所顾忌地告诉普罗迪斯，西尔维娅的父亲要把女儿嫁给有钱无德的休里奥，所以他决定带着西尔维娅私奔。同时，他还把私奔的方法和时间都告诉了普罗迪斯。

见到西尔维娅后，普罗迪斯也被西尔维娅的美貌深深迷住了。他开始喜新厌旧，追求起西尔维娅来，将自己对恋人茱莉亚的爱情誓言抛之脑后。他决定用卑鄙的伎俩破坏公爵的嫁女计划，以及范伦丁与西尔维娅私奔的美梦。

而此时，茱莉亚因为思念恋人，正远离家乡，女扮男装来到米兰寻找普罗迪斯。

背信弃义的普罗迪斯在自私心理的唆使之下，将范伦丁和西尔维娅准备私奔的事偷偷告诉公爵，结果范伦丁被公爵驱逐。

范伦丁被驱逐后，痛不欲生的西尔维娅断然拒绝了乘虚而入、大献殷勤的普罗迪斯。而范伦丁则四处流浪，路途中遭遇一伙强盗的拦劫。强盗们在听了范伦丁的不幸遭遇后，对他十分同情；又见他长得一表人才，还会说多种语言，便强留下他做了"寨主"。

茱莉亚千里迢迢来到米兰，看到昔日与自己信誓旦旦的恋人正在西尔维娅的窗下弹琴求爱，心如刀绞。但她强忍伤痛，以一个童仆的身份留在普罗迪斯身边。

公爵强迫西尔维娅与休里奥结婚，西尔维娅在艾格勒莫先生的帮助下从家中逃出，去寻找范伦丁。途中，西尔维娅也被劫持范伦丁的那伙强盗俘虏。

随后，普罗迪斯和茱莉亚也赶到，范伦丁怒斥普罗迪斯的背信弃义，宣布与他断绝友谊。普罗迪斯羞愧难当，但最后好友和昔日的恋人还是原谅了他。

前来追赶女儿的公爵也被强盗抓住，他看到女儿真心爱的是范伦丁，最终同意了女儿和范伦丁的婚事，同时还赦免了那些因一些错误而被放逐到这里的强盗。

一对好友尽释前嫌，两对情侣终成眷属，全剧在欢乐的气氛中拉下帷幕。

这部喜剧是莎士比亚创作的第一部以爱情、友情和婚姻为主题的喜剧。由于它自始至终都闪耀着人文主义理想的光辉，洋溢着浪漫的诗情和幽默欢快的情趣，因此也被称为"快乐的喜剧"和"最令人开心的喜剧"。

在写法上，莎士比亚突破了以前《错中错》和《驯悍记》中表现出来的闹剧模式，让这部剧中的浪漫感情闪烁着青春、健康和优雅的思想，并以幽默风趣的形式表现出来。在人物形象的塑造上，也比以前的喜剧有了很大的进步。

（四）

除了《维洛纳二绅士》之外，莎士比亚还创作了一部宫廷浪漫喜剧《爱的徒劳》。这部喜剧写的是四对青年男女在作者的有意安排下未能结为伉俪的爱情故事。

故事的主人公之一是那瓦国国王亨利那瓦，他在历史上是个风流而不检点的君主。一开始，作者写了那瓦国王以及他的三位侍臣贝隆、郎格维和杜曼一起宣称为创造世界奇迹专心苦读三年，并立下期间不近女色、拒绝一切物质享受的戒约。

　　然而就在这时，美貌妖娆的法国公主率领侍女与博学多才的侍臣前来那瓦国商议国事。那瓦国王为坚持"不见女色"的誓约，坚决要求公主和她的侍臣驻扎在郊外。但公主态度强硬，迫使那瓦国王不得不违反自己的荒唐约定前来拜见公主。

　　结果，那瓦国王一下子就被公主的美貌迷住了。而公主的三个侍女罗瑟琳、玛利亚和凯瑟琳也分别将国王的三个侍臣迷得神魂颠倒。

　　在爱情的魔力下，君臣四人全然忘记了他们的誓约，争先恐后地向自己的心上人献媚求爱。为了惩治这四个曾经崇尚禁欲、藐视爱情的君臣，公主和侍女们想出一条妙计，结果让他们出尽洋相，将四人讽刺得体无完肤。

　　最后，那瓦国王君臣四人不得不甘拜下风，心悦诚服地说：

　　"我们都是有血有肉的凡人，大海潮起潮落，青天万古常新，陈腐的戒条不能约束少年的热情，我们不能反抗生命的意志，我们必须推翻不合理的盟誓。"

　　而喜欢咬文嚼字、爱作诗的贝隆还吟咏了一曲《爱情颂》：

> 一切沉闷的学术都局限于脑海之中，
> 它们因为缺少活动，
> 费了极大的艰苦还是毫无收获；
> 可从一个女人的眼睛里学会了恋爱，
> 却不会禁闭在方寸的心田，
> 它会随着全身的血液，
> 像思想一般迅速通过四肢，
> 使每一个器官发挥出双倍的效能，
> 使眼睛增加一重明亮。

恋人眼中的光芒可以使猛鹰炫目；

恋人的耳朵听得出最细微的声音；

恋人的感觉比蜗牛的触角还微妙灵敏；

恋人的舌头使善于辨味的巴克科斯显得迟钝。

讲到勇气，爱情不是像赫剌斯一般，

永远在乐园里爬树想摘金苹果吗？

这首颂扬爱情的诗将荒唐的禁欲、沉闷的戒规让位于充满激情的爱情，因此可以将它看做是一篇人文主义者针对神学禁欲主义的战斗檄文。

在这部戏的结尾，虽然君臣四人都变成了痴心的情郎，但公主和侍从四人期望的却是"更为诚挚的情感"。为考验他们的忠诚，公主和侍女们要求他们再苦等一年。那瓦国王和他的三个侍臣只能在无可奈何的叹息中心甘情愿地接受爱情的煎熬，留下徒劳的爱情，这也让这部戏剧成为莎士比亚喜剧作品中唯一没有以大团圆结局的一部。

《爱的徒劳》比较鲜明地提出了反对禁欲主义的观点，提出了人的正常肉体需求和物质享乐，并以剧情的方式为之进行了理直气壮、热情洋溢的辩护。同时，莎士比亚还在这部喜剧中揭示了生命的意志、爱情的合理性等原则，对虚伪的禁欲主义进行了辛辣的嘲讽。因而，这部作品也是莎士比亚喜剧作品中讽刺性最强的一部。

第九章 《罗密欧与朱丽叶》

倘若没有理智，感情就会把我们弄得筋疲力尽。正是为了制止感情的荒唐，才需要理智。

——莎士比亚

（一）

1594年，桑普顿伯爵的朋友查尔斯、亨利·丹弗斯兄弟和其相邻的沃尔特、亨利·朗杰斯兄弟之间发生了家族间的械斗，这场械斗一直持续到1595年还没停止。可能根据这一事件，莎士比亚创作出了他早期悲剧中的杰作——《罗密欧与朱丽叶》。

罗密欧与朱丽叶之间的爱情悲剧发生在1093年的意大利维罗纳城，是一件真实发生的事。早期的意大利作家克尔太曾将其写成传奇小说，1554年意大利作家班杰罗又对其加工整理，令这个故事传播开来。

传到英国后，这个故事还在伦敦舞台上演出过，并成为当时一出很叫座的戏。有一个名叫亚瑟·布鲁克的青年诗人，在看过这出戏后感触颇深，遂写下一首长篇叙事诗《罗密欧与朱丽叶的悲剧史》。这首长诗后来被一位名叫威廉·彭特的人收集在他的故事集中。彭特是军械部的一名军官，闲时喜欢搜集、翻译一些意大利作品消遣。

这种激情澎湃的意大利式小说到16世纪末期已经显得有些过时了，但莎士比亚并不在乎要走在文学运动的前锋，他不是革新派。在他的全部创作生涯中，他都是选择那些比较旧式的故事作为自己创作的蓝本。

在《罗密欧与朱丽叶》这部戏剧中，莎士比亚将一个原来流传于意大利的悲剧传奇改写成为一个举世无双的动人故事，并在这个家喻户晓的故事中添加了一种完全独创的诗歌热情，从而缓和了故事中悲剧的紧张性。

故事发生在意大利的维罗纳城。城里有两大家族，一家姓蒙太古，一家姓凯普莱特。不知从何时起，两家结下了仇恨。到蒙太古家的独生子罗密欧和凯普莱特家的独生女朱丽叶长大时，两个家族之间的械斗仍在继续。

这时，罗密欧正爱恋着一位立誓终身不嫁的美丽姑娘罗瑟琳。出身名门的罗密欧是一位出类拔萃的青年，写诗、唱歌、跳舞、击剑样样精通，"全城都说他是个懂事的孩子，很有品行"。但是，他却得不到爱情的回报。

这天晚上，他听说凯普莱特家要举行盛大的假面晚会，他所爱的姑娘罗瑟琳也要去出席。于是，他也戴上面具混进会场，想去看一看他所爱恋的姑娘。

没想到的是，晚会上另一位美丽绝伦的少女深深地吸引住了罗密欧，让他一下子就忘记了那位高傲的罗瑟琳，爱上了这位少女。

罗密欧上前与这位少女搭话，并邀请她跳舞，向这位少女表达了自己的情意。少女也羞怯地回答了他的情话。

正在这时，少女被她的奶娘叫走了。罗密欧一打听，才知道她正是凯普莱特家的独生女儿朱丽叶。虽然是自己仇家的女儿，可他知道，自己已深深地爱上了这位少女，爱情已经抓住了他的心，让他无法摆脱。

晚会散了后，罗密欧不想回家。他躲过表兄和朋友，翻过墙头，跳进凯普莱特家的花园，来到朱丽叶卧室的阳台下面。

此时，朱丽叶也打听到在舞会上与自己说话的青年就是蒙太古家的儿子罗密欧。她回到自己的卧室，脑海中都是罗密欧的影子，挥之不去。爱情让朱丽叶无法入睡，她走到阳台上，独自对着皎洁的月光说出了对罗密欧的思恋和内心的矛盾：

罗密欧啊，罗密欧！为什么你偏偏是罗密欧呢？否认你的父亲，抛弃你的姓名吧！也许你不愿意这样做，那么只要你宣誓做我的爱人，我也不愿再姓凯普莱特了。只有你的姓名才是我的仇敌；你即使不姓蒙太古，仍然是这样的一个你。姓不姓蒙太古又有什么关系呢？它又不是手，又不是脚，又不是手臂，又不是脸，又不是身体上任何其他的部分。

啊！换一个姓名吧！姓名本来就是没有意义的；我们叫做玫瑰的这一种花，要是换了别的名字，它的香味还是同样芬芳；罗密欧要是换了别的名字，他的可爱和完美也绝不会有丝毫改变。

罗密欧，抛弃你的姓名吧！我愿意把我整个的心灵，赔偿你这一个身外的空名。

站在阳台下面的罗密欧听到朱丽叶热情的独白后，激动不已。他大胆地与她讲起话来，向朱丽叶吐露自己的爱慕之情。

朱丽叶听出那是罗密欧的声音，脸上飞起了红晕。她担心自己这么容易地吐露出内心的爱情会不会使罗密欧觉得她轻佻？但她马上又告诉他说，她的忠诚远远胜过那些故作端庄的女子。

这一对恋人互吐心声，并交换了爱情的誓言。天快要亮时，两个人才依依不舍地分手。临走前，朱丽叶对罗密欧说，明天她将派一个人去找他，商量结婚的时间，然后两人偷偷地举行婚礼。

罗密欧离开朱丽叶后，马上去找附近修道院的劳伦斯神父帮忙。他将自己和朱丽叶的爱情告诉劳伦斯神父，请求劳伦斯神父当天就为他们主持婚礼。

劳伦斯神父对罗密欧的印象一直不错。他想，也许两个年轻人的结合正好可以消除凯普莱特家族和蒙太古家族之间的世仇。因此，他爽快地答应了罗密欧的请求。

第二天，两个有情人在劳伦斯神父的主持下，在修道院里秘密成婚了。

（二）

从修道院出来时，罗密欧在街上遇见了自己的好朋友穆西奥和老凯普莱特的侄子提伯尔特。提伯尔特是个性格火暴的年轻人，与罗密欧的朋友穆西奥发生了口角。罗密欧过来劝解，结果遭到提伯尔特的无理挑衅。

罗密欧现在已把提伯尔特看成是自己的亲戚了，所以对他一再忍让，表示愿意与他讲和。但穆西奥觉得罗密欧太软弱、太丢脸了，他拔出剑来就与提伯尔特打了起来。罗密欧上前去分开他们，提伯尔特乘机一剑刺死了穆西奥。

罗密欧见朋友受伤死去，心中升起了怒火。他拔出剑来与提伯尔特交锋，结果提伯尔特死在罗密欧的剑下。

这件事发生后，罗密欧被驱逐出境。如果回来被发现的话，就要处以死刑。这个消息传到朱丽叶耳中，她陷入了悲喜交织的矛盾之中。她的堂哥被罗密欧杀死了，起初她怨恨罗密欧；但后来又庆幸罗密欧还活着，对罗密欧深深的爱情占据了她的心田。

现在，罗密欧要永远地被放逐了，她吩咐奶娘赶快去把罗密欧找来，她要与罗密欧作最后的诀别。

罗密欧此时正躲在劳伦斯神父的密室里。对于他来说，放逐比死还要可怕，因为这意味着他将再也见不到朱丽叶了。劳伦斯神父在一旁耐心地劝慰着罗密欧。

晚上，罗密欧来到朱丽叶的卧室里。这一夜本来是他们的新婚之夜，结果却成了生离死别之夜。转眼东方露出一线曙光，黎明已至，这对爱人不得不伤心地分手。罗密欧离开了维洛那城，到曼多亚去过他的流放生活。

罗密欧走后，朱丽叶伤心欲绝。这时，帕里斯伯爵来向朱丽叶求婚。老凯普莱特很满意这位年轻的伯爵，并命令女儿三天以后就与帕里斯伯爵结婚。

朱丽叶走投无路，就去找劳伦斯神父想办法。劳伦斯为解救可怜的朱丽叶，给了她一小瓶可以假死40个小时的迷药，叫她在举行婚礼的头一天晚上喝下去，这样她就会昏睡过去，像死了一样。

当家里的人以为朱丽叶死了时，就会按照当地的风俗把她的尸体停放在家族的墓穴里。40个小时后，她就会苏醒过来，那时，劳伦斯神父会派人把罗密欧叫来将她救出墓穴，带着她一起到曼多亚去。

朱丽叶遵照劳伦斯神父的吩咐，在举行婚礼的前一天晚上将迷药喝了下去。第二天早晨，帕里斯来迎接新娘，看到的却是朱丽叶的尸体。大家都沉浸在一片悲痛当中，喜庆的婚礼也变成了凄凉的葬礼。

这时，劳伦斯神父已经派人快马加鞭去通知罗密欧了，然而送信人途中因为意外事故未能将信及时送到罗密欧手中。不久后，罗密欧就听到了朱丽叶的死讯。

闻知朱丽叶死去，罗密欧痛不欲生，立即买了毒药，骑马奔回维洛那城。他要与朱丽叶长眠在一起。

半夜时分，罗密欧来到朱丽叶家族的墓穴边，正巧在这里遇到了帕里斯伯爵。伯爵以为他要做坏事，就与他格斗起来，结果罗密欧又杀死了帕里斯伯爵。

罗密欧打开墓穴，目睹了爱人冰冷的尸身。他最后一次吻了朱丽叶的嘴唇，然后将毒药一饮而尽，片刻后就倒在朱丽叶身边死去了。

当朱丽叶醒来时，看见的却是已经死去的罗密欧。没有了罗密欧，她也不愿意再继续活下去，于是拿起罗密欧的匕首刺进自己的胸口，躺倒在他的身旁……

悲剧发生后，众人纷纷向墓地奔去。劳伦斯神父向大家讲述了这一对年轻人不幸的爱情故事。两家的父母遭到如此悲痛的损失，终于醒悟过来，化解了彼此的仇恨。他们决定给这对情人铸一座金像，让它永远树立在维洛那城里。

（三）

《罗密欧与朱丽叶》的主题是谴责封建大家族的世仇和争斗，反对包办婚姻，肯定了年轻人的自由恋爱。

在这部戏剧中，虽然蒙太古家族和凯普莱特家族的世仇，以及封建的父母包办婚姻的制度断送了一对年轻人的幸福和生命，但戏剧的结局并不令人悲观，因为两个年轻人的死换来了两个家族的和解。更重要的是，他们的爱情原则获得了肯定和胜利。

这部戏剧一上演，就受到了观众的热烈欢迎，此后历演不衰。据说，有一整代的青年情侣嘴上所挂着的都是"罗密欧与朱丽叶"。

在艺术特色上，《罗密欧与朱丽叶》有两个鲜明的特点。

第一，全剧主要情节都发生在夜里，都是以夜色为背景的：凯普莱特家的盛大舞会是在夜晚举行的，罗密欧与朱丽叶的定情、离别和死都是在夜里发生的。这种夜的背景为作品增添了很好的抒情气氛。

比如，罗密欧在花园里看到朱丽叶站在阳台上时，天空有皎洁的月光和闪烁的星星，空气中散发着花草的香味。罗密欧站在树影下，静静地看着阳台上的朱丽叶；夜色掩盖了朱丽叶羞涩的脸庞。两个年轻人相互倾诉着甜蜜的话语，整个情景都充满了浪漫的抒情气氛。

同样，夜色的背景也渲染了作品的悲剧气氛。尤其是最后在墓地中的一场戏，夜的背景更加衬托出一对恋人死去的悲惨。

第二，整部剧的语言都十分华丽，比喻也丰富多彩，比如经常用阳光、月亮、星星这些明亮的东西来比喻男女主人公，象征着青春、爱情、光明和幸福。尤其是罗密欧与朱丽叶在阳台定情的一场戏，更是体现出语言的华美和比喻的丰富：

罗密欧：那边窗子里亮起来的是什么光？那就是东方，而朱丽叶就是太阳！快起来吧，美丽的太阳！快点赶走那妒忌的月亮，她因为她的女弟子比她美丽得多已经气得面色惨白了！如果她的眼睛变成了天上的星星，天上的星星变成了她的眼睛，那将会怎么样呢？她脸上的光辉会掩盖住星星的明亮，正如灯光在朝阳下黯然失色一样。

朱丽叶：幸亏黑夜替我罩上了一重面幕，否则为了我刚才被你听去的话，你一定可以看见我脸上羞愧的红晕。我真想遵守礼法，否认已经说过的那些言语，可是，这些虚伪的礼俗，现在只好一切置之不顾了！俊秀的蒙太古啊，我真的太痴心了！所以，你也许会觉得我的举动有点轻浮；可是请相信我，朋友，总有一天你会知道，我的忠心要远远胜过那些善于矜持做作的人！

罗密欧：姑娘，凭着这一轮皎洁的月亮，它的银光涂染着这些果树的树梢，我 发誓——

朱丽叶：啊！请不要对着月亮起誓，它是变化无常的，因为每个月都会有盈亏圆缺；你要是指着它起誓，也许你的爱情就会像它一样无常。

......

《罗密欧与朱丽叶》这部戏剧的成功，一部分是由于以上这些优美明晰的语言，还有一部分原因则是在角色的描摹刻画上取胜。在英国舞台上，还不曾出现过像莎士比亚这样才气纵横的人，能够塑造出如此栩栩如生的人物。

在诗歌表现的悲剧方面，莎士比亚唯一的英国前辈就是马洛。这部悲剧作品中所表现出来的某些修辞上的婉转曲折和许多韵文使用上的灵敏，显然都是受惠于此人。然而，《罗密欧与朱丽叶》所具有的高尚气质与悲怆恸情的表现，却是马洛的戏剧才华或感情共鸣所不能企及的。

第十章　好戏连篇的剧作家

在灰暗的日子中，不要让冷酷的命运窃喜；命运既然来凌辱我们，就应该用处之泰然的态度予以报复。

——莎士比亚

（一）

在英国，每年的6月23日夜晚被称为仲夏夜。传说称这天夜里神仙会在森林中举行欢宴，凡人如果进入森林就会着魔。根据这一传说，莎士比亚创作了他最富有幻想色彩和浪漫情调的一部喜剧——《仲夏夜之梦》。

据说，这部戏是莎士比亚应某位贵族之约创作的，为的是在仲夏之夜的一场喜庆的婚礼上演出用，因此取名为《仲夏夜之梦》。这部戏中不仅有为庆祝婚礼而作的新婚歌，还有描绘甜蜜爱情及不受父母之命自由选择伴侣的主题在里面。

这是一个纯粹的浪漫爱情故事，是在仲夏夜所做的一场美妙的梦。剧情的最大特点就是线索众多，错综复杂地交织在一起，而通过三个层次，即现实世界、梦幻世界和神话世界来一一展开。

在现实世界中，雅典国王忒修斯与阿玛宗女王希波吕忒成婚。剧的一开场，就是他们即将成婚，而结尾也以三对情侣举行婚礼结束。但这条线索在剧中的地位并不重要。

最为重要的是第二条线索，贵族伊尼斯想把女儿赫米娅嫁给雅典贵族青年狄米特律斯，但女儿却爱上了另一个青年拉山德。按照雅典的法律，如果女儿不肯嫁给父亲为她挑选的丈夫，父亲就有权要求判她死罪。

赫米娅和拉山德不愿分手，于是两人约好第二天晚上在城外的树林会合，然后一起私奔，逃出雅典城。

赫米娅的好友海丽娜痴情地爱着狄米特律斯。因此，当赫米娅把自己的出逃计划告诉海丽娜后，为讨好狄米特律斯，她把这件事告诉了狄米特律斯。

第二天晚上，拉山德与赫米亚如期在树林中见面，结果狄米特律斯也跑来了，后面还尾随着海丽娜。

这片森林代表着自然王国，也象征着自由王国。在这里，没有世俗的法律和习俗，由仙人和精灵掌管。那天晚上，恰好仙王奥布朗和仙后提泰妮娅带着他们的随从举行宴会，但仙王和仙后之间却闹翻了。

两人争吵是为了一个偷换来的印度小王子，仙后不肯把这个聪明的印度小王子送给仙王做侍童。仙王为了惩治仙后，叫来了快活、淘气而又机灵的小精灵帕克，让帕克用一种名为"爱懒花"的花汁滴在睡着后的仙后的眼皮上。这种汁液有一种魔力，就是当她醒来时，不管看到什么，都会对它产生疯狂的爱情。然后，仙王再用另一种草解除这种魔力，但首要条件是要仙后把那个印度小王子送给他。

这时，正巧狄米特律斯来到森林里寻找拉山德和赫米娅。为得到赫米娅，他想杀死拉山德。而可怜的海丽娜还在痴心地爱着狄米特律斯，在他后面紧追不舍。

仙王听到他们之间的谈话后，非常同情海丽娜，便命令帕克在狄米特律斯的眼皮上滴几滴"爱懒花"汁，让海丽娜实现自己的愿望。不料帕克粗心大意，错把拉山德当成了狄米特律斯，在他眼皮上滴了花汁。结果，拉山德醒来第一眼看到的是海丽娜，他立刻疯狂地爱上了海丽娜。

仙王为纠正帕克的错误，又在狄米特律斯的眼皮上滴了几滴花汁。狄米特律斯醒来后第一眼看到的也是海丽娜，他也立刻热烈地追求起海丽娜来，并准备再次与拉山德决斗。海丽娜和赫米娅都被弄得糊涂不已。

在森林中的另一角，以木匠昆斯、织工波顿为首的一群手艺人正在排练一出爱情题材的戏，准备在公爵的婚礼上演出。由于花汁的魔力，仙后爱上了长着驴头的织工波顿。

最后，仙王出现，用解除魔力的汁点在仙后和拉山德的眼皮上。仙王与仙后又和好如初，另外两对情人也在国王王后的主持下举行了婚礼。

在戏的末尾，忒修斯宫中张灯结彩，忒修斯和希波吕特的盛大婚礼正在热烈地进行，另外两对新人也同时举行了婚礼。

这部戏是一部充满童话色彩的纯喜剧，剧中没有任何说教的目的，是一部纯娱乐性质的作品。它是想表明爱情是无理性的、盲目的，就像海丽娜所说的那样：

> 一切卑劣的弱点，在恋爱中都成为无足轻重，而变成美满和庄严。爱情是不用眼睛而是用心灵看的，因此生着翅膀的丘比特被描成盲目；而且爱情的判断全然没有理性，光有翅膀，不生眼睛，一味表示出鲁莽的急躁。因此，爱神便据说是一个孩子，因为在选择方面他常会弄错。

（二）

如果说莎士比亚的"第一个四部曲"是英法百年战争后期历时30年之久的"蔷薇战争"给他的戏剧创作带来灵感的话，那么英法百年战争前数十年的历史给他带来的灵感便促成了他的"第二个四部曲"的诞生。这个四部曲包括1595年创作的《查理二世》、1597年创作的《亨利四世》上、下篇以及《亨利五世》。

当时，随着没有王位继承人的女王的年事渐高，王位继承问题也成为摆在英国皇族面前的难题。据说，女王曾暗中培养苏格兰的詹姆士六世，但却不敢公之于世，因为她担心天主教会的敌人会在他即位前将他杀掉，然后篡位。

洞察世事的莎士比亚通过戏剧的方式反映了这段历史。从历史顺序上看，这个"四部曲"描写的是第一个"四部曲"之前的事，展现的是兰开斯特王朝建立和巩固的过程。内容主要描写了波琳波洛克公爵，即后来的亨利四世，是怎样将谋取自己家产的昏君查理二世赶下台，并篡夺王位的这段历史。

《查理二世》这部戏剧不像之前的历史剧那样，完全以叙述事件为主，而是非常注重刻画人物的性格和心理特征。在描写查理二世被废黜一事时，莎士比亚主要通过揭示查理二世软弱的性格特征，如缺乏统治国家的能力、相信君权神授、对大臣寡恩刻薄等，阐明这样的个性必然会导致灭亡。

《查理二世》的剧情十分简单，但语言却独具特色，甚至被认为是莎士比亚历史剧中最具有抒情风格的一部戏剧。整个戏剧的语言几乎都是用充满诗情画意和哲理的韵文写就，因此尤为后世喜爱。

该剧一开演就轰动了整个伦敦，街头巷尾纷纷议论本朝的女王和查理二世。因为这部剧中的历史与当时的英国王朝颇为相似，而伊丽莎白本人也像剧中的查理二世那样，过分追求奢华的生活，将国事委托给自己的宠臣。她担心自己有一天也会像查理二世那样，被亨利四世这样的臣子废黜。

为此，枢密院还以女王的名义下令禁止伦敦的剧院再演出这部戏，当时伦敦最豪华的"天鹅"剧院甚至因首演了该戏而被政府捣毁。

后来，一些英国著名的莎学研究专家经考证后认为，莎士比亚可能因为这个剧本而差点被英国当局逮捕。但这份逮捕令最终并没有执行，原因可能是政府担心逮捕莎士比亚这样社会知名度过高的作家会引起民愤。

而莎士比亚也感觉到了自己头上悬着一把女王的无形之剑，稍有闪失，就可能丢了脑袋。因此1597年《查理二世》再版时，他没有署自己的名字。到1598年署名出版后，他又将其中查理二世被废黜的场景删掉了。

（三）

从1595年下半年到1596年上半年，英法联盟已经是名存实亡，西班牙夺走了法国的要塞加莱，随时都有可能强渡英吉利海峡，进攻英国的多佛尔。

当然，英国也不甘心失败，伊丽莎白女王派海军大臣霍华德勋爵和埃塞克斯伯爵率领远征军攻打西班牙的重要海港珂迪兹。不久，英军胜利的消息就传到伦敦，举国上下一片欢腾。埃塞克斯伯爵的地位和名誉也达到了他一生中的顶点，被女王伊丽莎白授予元帅的军衔。诗人斯宾塞更是写诗赞誉他为英国的光荣，是骑士精神培育出来的一朵奇葩。

不过，西班牙也心有不甘，不久又派出一支舰队计划进攻英国。但由于遭遇风浪，这支舰队在与英国舰队交战时遭到惨败，只好放弃对英国的进攻。

尽管英国打了胜仗，但老百姓依然过着衣食不保的困苦生活，因为那些用来救济贫民的钱都用来打仗了。富有爱国心的莎士比亚为了鼓舞士气，遂创作了一部历史剧，并选择了约翰王作为这部戏剧的主人公。

《约翰王》这部戏剧可能是以1591年出版的《英格兰约翰王的多事之朝》为基础，主要描写了"狮心王"理查参加十字军东征时客死异国他乡、他的弟弟约翰趁机夺取王位、将应继承王位的小王子亚瑟赶下来的故事。

不过，约翰王即位后，地位也不稳固。亚瑟王的母亲康斯丹斯想方设法让自己的儿子即位，罗马教廷也对约翰王的位置虎视眈眈，国内的封建主更是不甘心俯首听命。

面对这种内忧外患的境况，约翰王表现出了极大的勇气，令英国摆脱了罗马教廷的控制，并积极对法作战。但后来约翰王却失去了民心和同盟，私心日渐加重，将个人利益置于国家利益之上，甚至为保住王位向罗马教廷投降。

更残忍的是，他竟然指使近侍杀死了王位的合法继承人、他的侄子亚瑟王。最终，机关算尽，约翰王被他曾经劫掠过的寺院僧人毒死。

这部戏最大的政治意义，在于莎士比亚通过福康勃立琪这个人物表现了自己的爱国热情。福康勃立琪是狮心王的私生子，但他却宁愿丢掉大笔遗产也不愿承认自己是爵士之子。他认为：作为勇敢的狮心王的私生子要比金钱更重要。尽管他对约翰王表现出一种令人无法理解的愚忠，但借助他的话，也道出了莎士比亚的心声：

> 我们英格兰从来不曾、也永远不会屈服于一个征服者骄傲的脚下，除非它用自己的双手将自己伤害……尽管全世界都是我们的敌人，向我们的国家三面围攻，但我们也可以击退他们。只要英格兰对它自己尽忠，天大的灾难都不能震撼我们的决心。

这样慷慨激昂的语言自然能够激励看戏的士兵和市民们。

另外，这部戏的意义还在于：它可以表达人们对教皇的反抗情绪。因为西班牙入侵英国是秉持了罗马教皇的旨意，英国人民当然有理由反抗打破自己安宁生活的罗马教皇了。

（四）

1596年，莎士比亚又创作了一部名为《威尼斯商人》的喜剧，这也是莎士比亚早期喜剧中社会讽刺性最强的一部。而促使莎士比亚创作该剧的原因，是当时轰动一时的"洛佩斯事件"。

伊丽莎白女王在位期间，经常以更换宠臣的方式来巩固自己的统治。1588年，年轻的埃塞克斯伯爵成为女王的新宠。这样，宫廷中就形成了以宫廷老臣伯里为中心和以埃塞克斯伯爵为中心的两派势力。

1594年，埃塞克斯伯爵想到一个向女王献忠的办法：指控女王的御医洛罗德里格·洛佩斯为西班牙间谍，并迫使他承认试图谋害女王。在法庭上，洛佩斯竭力为自己辩解，但人们根本不相信他，因为他是一个犹太人。最终，洛佩斯被处以极刑。

"洛佩斯事件"引起了伦敦各阶层对犹太人问题的关注。为迎合当时的社会气氛，"海军大臣"剧团演出了马洛的悲剧《马耳他岛的犹太人》。"政务大臣"剧团也不甘示弱，决定上演一部自己创作的关于犹太人的剧本，以吸引更多的观众前来观看。于是，莎士比亚就创作了这部《威尼斯商人》。

在莎士比亚早期创作的喜剧当中，《威尼斯商人》明显与众不同。因为这部戏中，欢乐的气氛与爱情的主题被放到了次要的位置，而悲剧中的欺诈、报复等主题则占据了主导地位。

这部喜剧有两条线索交替进行：一条是三匣子选亲，另一条是一磅人肉案。

其中，三匣选亲的情节取自中世纪拉丁文短篇小说《罗马人的伟绩》一书中的第66个故事：一个富翁在临死前将女儿的小像装进金、银、铅三个小匣子中，谁猜中了，谁就能娶他的女儿为妻。

订立割一磅肉契约这个情节取自于意大利作家乔万尼·弗林提奥的短篇小说集《傻瓜》：一个青年三次冒险去求婚，前两次都上当了，自己的财物也失掉了，最后一次成功了，却用养父身上的一磅肉作为抵押，借钱定了婚约，债务到期还不上，债主前来索要借约上的那一磅肉。

综合这两个故事，莎士比亚创作了《威尼斯商人》。

这个故事讲的是破落的贵族青年巴萨尼奥屡次向他的朋友威尼斯商人安东尼奥借钱偿还债务。后来，他想娶富家女鲍西亚为妻，这又需要钱，因此他希望安东尼奥再帮他一次。

可这次安东尼奥手里恰好没有现钱，他只好向高利贷者犹太人夏洛克借钱。吝啬的夏洛克对基督教徒安东尼奥早就怀恨在心，伺机报复，因为安东尼奥借给别人钱时从来不要利息，这就压低了威尼斯城放高利贷人的利息；并且安东尼奥还曾在公开场合指责过夏洛克，让他难堪。

现在，安东尼奥向自己借钱，夏洛克终于找到了报复的机会。他表示，自己可以借钱给安东尼奥，而且也不要利息，但在借约上必须注明：三个月后，到期不还，就必须同意他在安东尼奥身上任何部位割下一磅肉作为处罚。

虽然有很大的风险，但安东尼奥为了朋友的婚事只好签下借约。巴萨尼奥拿到钱后，马上就去求婚了。

然而，鲍西亚也不是那么容易娶到手的，因为她的父亲去世前留下了金、银、铅三只匣子，其中一个里面藏着爱女的小像，只有选中装有小像的匣子，才能娶鲍西亚为妻。如果选错，这个人终生都不能向任何女子求婚。

这个苛刻的条件吓跑了许多求婚者，最后只剩下三个：摩洛哥亲王选择金匣子，但里面只有一张纸，上面写道：

"发光的不一定都是金子，古人的话没有骗人；多少人出卖了一生，不过看到了我的外形……"

阿拉贡亲王选中了银匣子，也猜错了。而巴萨尼奥根据"外观往往与事物本身完全不符"的经验，选中了难看的铅匣子，结果赢得了鲍西亚的芳心。

三匣选亲的情节表达了这部戏剧的主题之一：不应简单凭借外表对事

物进行判断，因为"外观往往和事物的本身完全不符"。这也是莎士比亚想要告诉我们的一个人生哲理。

巴萨尼奥终于如愿以偿地与鲍西亚结婚了，鲍西亚还赠给他一枚戒指，并嘱咐他不能让戒指离开手指，否则爱情就会消失。

就在巴萨尼奥沉浸在幸福之中时，忽然收到安东尼奥送来的诀别书。原来，安东尼奥的商船在海上出了事故，现在他已无力还清夏洛克的欠款，而夏洛克却坚决要执行借约的规定：从安东尼奥身上割下一磅肉。

鲍西亚马上给丈夫一大笔钱，让他赶快去还债，救出自己的朋友。

在法庭上，夏洛克坚决要割下安东尼奥的一磅肉，而不接受巴萨尼奥加倍偿还的欠款。这时，法庭上来了一位青年博士主审此案。他驳回了巴萨尼奥变更法律的要求，但劝说夏洛克应仁慈些。在遭到双方的拒绝后，博士判决应按借约执行。

就在夏洛克恶狠狠地举刀要割安东尼奥的肉时，青年法官突然说：

"夏洛克先生，借约写明的只是一磅肉，如果流了基督徒身上的一滴血，你的财产就要全部充公。"

夏洛克一听，马上表示不割肉了，而是愿意接受三倍的还款，甚至只拿本钱，或者不要这个钱，然后仓皇撤退。但青年法官坚决要按原来的约定执行，否则就判决夏洛克犯有企图谋害公民罪。按照威尼斯法律的规定，他的财产一半充公，一半归被告。

慈悲的安东尼奥恳请法官将归他的那一半财产交给与夏洛克女儿私奔的女婿罗兰佐，条件是夏洛克必须改信基督徒，并声明他死后，财产应由罗兰佐夫妇继承。

案子判决后，青年博士法官谢绝了巴萨罗奥的3000元报酬，但却执意要走了他手上的戒指。巴萨罗奥回到家后，因为失去了结婚戒指，被鲍西亚指责为另有新欢。

一番逗弄后，鲍西亚才说出实情，原来扮成青年博士法官的正是鲍西亚。这时传来消息：安东尼奥的三艘商船已经全部进港。全剧在欢快的气氛中结束。

《威尼斯商人》的主题是歌颂慷慨无私的友谊和真诚美好的爱情，谴责贪婪、自私、残忍和唯利是图等人性中丑恶的方面。虽然题目是《威尼斯商人》，这个商人显然指的是安东尼奥，但实际上剧中人物性格最突出、内涵最丰富的却是犹太富商夏洛克。他有凶狠残暴、贪婪吝啬的一面，又有被欺辱、被压迫的一面。他既引起人们无比的憎恨，又令人不能不去同情怜悯。莎士比亚塑造的这一人物性格的丰富性和复杂性，使夏洛克的形象获得了不朽的艺术生命力。

→

莎士比亚在去世前所立的遗嘱中，将他大量地产的大部分都留给了大女儿苏珊娜。条款还指定：她须将财产原封不动地传给"她的第一个儿子"。小女儿与丈夫托马斯·奎尼有3个孩子，但都在没有结婚前去世了。大女儿苏珊娜与丈夫霍尔有一个孩子——伊丽莎白，她一生嫁了两次，但1670年去世时也没有留下一个孩子。莎士比亚的直系后代到此为止。

第十一章　跻身名门贵族

　　有一类卑微的工作是用艰苦卓绝的精神忍受着的，最低微的
事情往往指向最高大的目标。

——莎士比亚

（一）

　　莎士比亚在伦敦从事演员和戏剧创作的18年期间，他那些住在斯特拉福镇的家人曾为土地问题两度与人进行艰苦的争讼。

　　在伊丽莎白时代，打官司是一件平常事，很少有哪家没有上过法庭打过官司的。莎士比亚的父亲约翰·莎士比亚一生当中打过的几次官司，多半都与债务有关，结果也是有赢有输。但是，有关他妻子在温考特继承的土地，却发生了让人格外难过而又艰辛的诉讼事件。

　　约翰在离开议会之后，经济条件十分窘迫，急需钱用，于是就向妻子玛丽的姻亲埃德蒙·兰伯特借了40磅的钱，并以玛丽继承的一些土地作为抵押。与那大片的土地相比，这40磅实在算不上很多钱，而且是与亲戚往来，约翰觉得这应该是安全无虑的。

　　借钱时，双方约定于1580年归还这40磅。到了1580年，莎士比亚家中的境遇并没有什么好转，但约翰还是准备了40磅的现钱，跋涉15里到兰伯特家中去还钱。

　　然而，兰伯特却不肯收这40磅，称莎士比亚一家欠他的钱远不止这

些。7年后，兰伯特去世时，手里还握着约翰抵押土地的契约。

兰伯特去世的那年，莎士比亚一家的运气又不好，约翰的弟弟亨利欠了别人10磅无法清偿，对方将约翰告上法庭，要求他代为偿还。另外，约翰又替人作保，因被保人言而无信，平白无故又损失了10磅。

无奈之下，约翰带着妻子玛丽和儿子威廉·莎士比亚于1588年向华威克高等法院递交了一份诉状，控告兰伯特之子及其继承人。

这一诉讼于次年开庭审理，但莎士比亚一家却败诉了，因为伊丽莎白时代的质押法刚硬而没有转变的余地。

约翰不服，8年之后，他再度控告兰伯特，但结果仍以败诉告终。

在第一次诉讼败诉的5年后，莎士比亚一家又因为一些原因丧失了一些土地。1594年9月，斯特拉福镇又发生了火灾。虽然莎士比亚家自住的两间房屋幸未波及，但第三栋房子却在火灾中烧毁了。

在这些事情发生期间，莎士比亚一直都与家中保持着联系，同时1596年时还返回家乡，协助父亲料理家中的事务，并了解了法院对他父亲的追诉。

然而就在这年，莎士比亚心爱的儿子哈姆莱特却不幸夭折了，年仅11岁。哈姆莱特去世时，莎士比亚并不在斯特拉福镇的家中，而是正跟随"政务大臣"剧团在肯特的一个镇上公演，那里距离伦敦有四五十里路。

如果能马上收到消息，或许莎士比亚还能回去看望儿子，并参加他的葬礼。但演员们一旦出城巡回演出，要想给他们送信，就只有先赶到他们的预定地点等着拦截才行。但即便送信的人清楚剧团的路线，也未必能准时送达。所以，莎士比亚在巡演结束回到伦敦后才收到哈姆莱特去世的消息。

这一年，莎士比亚写了《约翰王》这个剧本。在这个剧本中，小王子亚瑟的死寄托了莎士比亚的丧子之痛。小王子天真、聪慧、坚毅、可爱，他的被杀，是因为国王贪恋权力。王后康斯丹斯哀痛的呼号实际上也发自莎士比亚的内心：

> 小亚瑟是我的儿子，他已给失去了！我没有疯，我巴不得祈祷上天，让我真的疯了！因为那时候我多半会忘了我自己。啊！要是我能够忘了我自己，我将要忘记多少悲哀！

> 主教神父，我曾经听见你说，我们将要在天堂里会见我们的亲友。假如那句话是真的，那么我将会重新看见我的儿子；因为自从第一个男孩子该隐的诞生起，直到昨天夭亡的小儿为止，世上从来不曾生下过这样一个美好的人物。

> 可是现在，悲哀的蛀虫将要侵蚀我的娇蕊，逐去他脸上天然的美丽，他将要形销骨立，像一个幽魂或是一个患疟疾的人；他将要这样死去。当他从坟墓中起来，我在天堂里会见他的时候，我再也不会认识他。所以，我将永远永远都不能再看见我的可爱的亚瑟了！

在以后的岁月里，莎士比亚还曾多少次深情地念起"哈姆莱特"这个名字。莎士比亚大概命中注定要失去儿子，但后来他却将自己儿子的名字永远留存在《哈姆莱特》那部不朽的剧本中。

<h1 style="text-align:center">（二）</h1>

1596年，也就是在小哈姆莱特去世的那年，10月20日，伦敦的纹章部为约翰·莎士比亚绘制了新的纹徽，约翰·莎士比亚正式成为贵族。当然，这件事完全是在威廉·莎士比亚的安排下进行的。

约翰·莎士比亚所接受的纹徽其实早在20年前就已经设计好了，只是那时约翰申请时没有获得通过。这面纹徽简单美观，一面是金盾，上面有黑色的条纹横过，盾上有银质的金矛。至于纹章上端的饰章，则有展翅银鹰栖息于银色的花环之上，并擎着长矛。

从此，约翰·莎士比亚及其后代就可以将这个纹徽刻在"戒指、图章、大厦、衣服、器皿、墓碑上"，以之为家族的荣耀了。

约翰·莎士比亚去世后，威廉·莎士比亚继承父亲成为这个家族中的绅士。这时，对是否适合给莎士比亚家人颁发纹徽，纹章部内又起了争执。纹章的颁发并没有什么不妥的地方，但那里的官员们彼此不合，有个名叫瑞夫·布鲁克的官员便借题发挥，列出错误攻击为莎士比亚家族颁发纹徽的两位官员。他认为"演员莎士比亚"不配获得纹徽，而且莎士比亚家族的纹徽与莫里爵士的纹徽太相似了。

两位官员对布鲁克提出的答辩手稿现在还存在，上面并列了莎士比亚和莫里两家的纹徽，两位官员表示两者有很大差异。而且，两位官员还认为给莎士比亚家族颁赐纹徽并没有什么不妥，因为"约翰·莎士比亚曾任艾汶河畔斯特拉福镇执法官、治安法官，并娶妻亚登家族后裔，又颇富资产"。

最终，莎士比亚家族还是获得了纹徽。此后不到一年，莎士比亚一家又向着显赫之途迈了一大步：1597年5月4日，莎士比亚在斯特拉福城买下了一栋大房子。

这栋住宅名叫"新居"，是一位名叫克劳普德的爵士在100多年前建造的。到莎士比亚购买时，房子显然已经有点破旧了，但它却依然是斯特拉福城内崇高地位的象征。

同时，莎士比亚还花费60磅买下了与房子相连的两个谷仓和两个花园。随后，莎士比亚便着手旧屋整建的工作。1602年以前，莎士比亚又在与房子相连的地方开发出一片果园，据说莎士比亚对这片果园非常有兴趣，还亲自种了一棵桑树。

后来的很长一段时间里，这棵桑树都是果园的主要景观。但在1758年时，这棵桑树却被砍倒了，当地的居民将这棵树的木材瓜分掉，并以一种近似迷信般的崇敬将树木的碎片保存起来。

依靠演戏，莎士比亚获得了比较丰厚的收入。大约到1598年时，莎士比亚已经成为斯特拉福城中的主要屋主之一了。不过，他却从未对城里的福利感兴趣，也不在意斯特拉福城的公务应该如何处理，他的名字在城里的记录册上几乎空白。除了不断增加的不动产之外，莎士比亚在斯特拉福的主要活动就是因债务问题而与镇民们对簿公堂。

1601年，约翰·莎士比亚去世，葬于斯特拉福镇的教堂墓园。此后，莎士比亚也会经常回到镇上的家中。

1602年5月，莎士比亚以320磅的庞大金额在斯特拉福城买下了一片占地107英亩的空地。从此，这位戏剧作家也因为这笔交易而与当地一些富有影响的人物之间发生了密切的联系。

但在与家乡的人打交道时，莎士比亚却显得严肃而拘谨，完全不像在伦敦的剧团那样，与伙伴们保持着平等、闲适的关系。他虽然也对营造莎士比亚家族的财富深感兴趣，但又对自己身为斯特拉福镇镇民的职责和斯特拉福镇的命运不太关心，他的主要心思还是集中在自己的演出事业和戏剧创作方面。

莎士比亚曾有一对双胞胎儿女，在双胞胎出生后到进入伦敦剧团之前，关于莎士比亚的历史记录非常少。由于这段经历的缺失，很多学者把1585年至1592年称作莎士比亚"行踪成谜的岁月"。不少传记作者试图说明他在这段时期内的经历，描述了很多虚构的故事。比如称莎士比亚因非法狩猎鹿被起诉，为逃避起诉从家乡到了伦敦；还有的称莎士比亚做过一段时间的乡村校长；一些20世纪的学者还提出莎士比亚可能被兰开夏郡的亚历山大·霍顿雇佣为校长，等等。

第十二章　新剧院与《亨利五世》

习惯简直有一种改变气质的神奇力量，它可以使魔鬼主宰人类的灵魂，也可以把他们从人们的心里驱逐出去。

——莎士比亚

（一）

1596年至1597年期间，莎士比亚所在的"政务大臣"剧团在演出场地问题上遇到了麻烦，因为剧院当时在伦敦租用的地皮租约已经到期，而地皮的主人加尔斯·艾伦故意在新租约上无理刁难。因为原来的租约上写着：地皮上所建造的房屋在租约期满之前必须拆走，否则归地皮拥有者所有。

此时，剧院的创立者詹姆斯·博比奇已经重病缠身。尽管他带着病体与艾伦进行多次商谈，并希望能将租约续到1607年，但遭到艾伦拒绝，谈判毫无结果。

于是，博比奇又花钱在布莱克福莱尔物色了一座旧的戏院——帷幕剧场，并斥资重新修建。这样一来，博比奇也成为英国第一位将有屋顶与室内照明设备的厅堂改建为公共戏院的人，成为戏院建筑方面的先锋。

可惜的是，这个剧场建在一个较高的山坡之上，那里是该处最特别而排外的住宅区。剧院排练和演戏时要敲敲打打，干扰了当地的清静。因此剧院即将完工时，当地居民向枢密院提出了诉讼。枢密院下令：在布莱克福莱尔不允许兴建公共戏院。

此后不到两个月，詹姆斯·博比奇便抑郁而逝，留下了库斯伯特和理查德两个儿子继续奋斗。

所幸"政务大臣"剧团一向团结，大家都齐心合力为剧团的效益努力，因此到了1597年圣诞节，剧团终于在泰晤士河南岸距离玫瑰剧院不远的地方租下一块地皮，并同地皮主人尼格拉斯·布伦达爵士签订租约，租期为31年。

随后，"政务大臣"剧团的人趁着艾伦在圣诞节外出度假的时机，请工人拆卸了老剧院剧场里的木料，从结冰的泰晤士河上将木料运到河对岸的新剧场工地上，用于新剧院的建筑。

当时，英国的木材稀少而昂贵，由剧院拆下来的都是厚重、值钱的木材，这给"政务大臣"剧团省了不少钱，比新建一座戏院要便宜得多。

重新拼建的剧院在设计上与原来并没什么太大的改变，仍然是在伸出的舞台四周安置了一排排呈阶梯式的座位，头上是葺草屋顶，中央露天打开。不过，设计师彼得·斯威特倒是采用了所有最新的技巧，使得建成后的剧院能给观众以最大的舒适度，同时也给演员带来了更多的便利。

剧院中戏服存放的空间也扩大了许多，而且还装置了最近的后台机关布置。它有一套暗门，这样才让演出《麦克白》时里面的三个幽灵得以现身。其中的一道暗门在舞台上还有驻足台，屋顶之下也有复杂的机关。

这个新建立的剧院被命名为环球剧院，他们的徽记是希腊神话中的大力士赫丘利斯在双肩上擎着地球。新剧院的建筑和使用面积也比原来的剧院大得多，可以容纳2000余名观众。这所伦敦最漂亮的剧院此后便成为"政务大臣"剧团的主要演出场所，也成为莎士比亚戏剧的主要舞台和他的可观的经济来源之一。

（二）

1599年，环球剧院建成后，最先在新剧院上演的一些戏剧中有一出是《尤里乌斯·恺撒》。当时，有个名叫汤玛斯·布莱特的德国观光客与他朋友们来到泰晤士河畔，"在那里的一座覆盖着茸草顶的戏院中，看到了一场极好的演出，是一部有关第一位皇帝——尤里乌斯的悲剧"。

布莱特对英语不够精通，但对表演结束时演员们表演的群舞却印象深刻。同时，他对英国剧院中的座位安排非常赞同，因为"人人都可以保持良好的视线"。另外，他对演员们所穿的华丽服饰也赞赏不已。

在《尤里乌斯·恺撒》这部戏戏剧中，莎士比亚尝试了一些新的东西。他的剧情多取材于廉价的小说或旧剧，《尤里乌斯·恺撒》也是他根据普鲁塔克的古典巨著《伟人列传》而写的一系列剧本中的第一部。

普鲁塔克深受文艺复兴时期人们的推崇，但莎士比亚对他那种限制重重、只能阅读不能排演的戏剧并没有兴趣。他之所以阅读普鲁塔克的作品，也并非因为尊崇他，而是为了从剧情中获得快乐和自己需要的其他东西。

在创作这部作品时，莎士比亚比写其他大部分剧本的速度都慢，而且也比较审慎，似乎极力想尝试古典的那种控驭方式，但还不能让这样的尝试影响到他对人物的认识和描述。当然，这部戏在上演时，也获得了如汤玛斯·布莱特那样的好评。

这期间，莎士比亚还写了一连串的浪漫喜剧，如《无事生非》、《如愿》、《第十二夜》等。后来认为，这三部喜剧也是莎士比亚浪漫戏剧中最完美的三部作品。

以结构的形式而言，莎士比亚都是以不同的手法来处理一件多少有点严肃的传奇，并将一些独创的、包含温和和讽刺或通俗喜剧在内的穿插与浪漫的题旨相互交织，然后用他想象的人物将故事动人地表达出来，其中还有许多严肃道德问题的深入探讨，与人性喜剧各方面的精彩描写交融在一起。

此外，在这三部喜剧当中，莎士比亚均以令人深感兴味的举止仪态来表现那些既欢乐又温存的青年女性，同时还在戏中穿插了优美的歌曲，加强了和谐的主调。他还在多姿多彩的三联剧上加入了一种平和感人的魅力，这也是莎士比亚戏剧在其他地方所难得一见的。光这三部戏的标题，就流露出作者的一种特别活泼欢快的气质了。

三部戏当中，《如愿》取自英国诗人及戏剧家汤姆森·洛基的通俗散文爱情故事《罗莎琳》。这本小说虽然出自英国作家之手，但其中却有许多意大利的痕迹。因此，莎士比亚创作的《如愿》也将意大利的田园精神十分忠实地表现出来，这是莎士比亚的其他喜剧都赶不上的。

莎士比亚虽然沿用了洛基小说中的许多田园背景，但却以生动而新鲜的笔法点缀出戏里的生命。尤其重要的是，他在其中安排了三个新的人物，其中两个就是贾克斯和"试金石"，他们都以个人观点对生命作了尖锐的批评；而第三个人物奥伯雷则以通俗的诙谐滑稽表演来衬托这部新戏中广泛而详细地描述的女性气质。

《第十二夜》和《无事生非》都源自于意大利通俗小说选集。在这两部剧中，莎士比亚并不反对让女子穿上男装，或让流放之人藏身于森林等的布局。他灵巧的双手托起了这些劣等的材料，轻而易举地就将其托入喜剧和爱情故事的辉煌之中。

有一位伦敦的青年律师在看了《第十二夜》之后，对于其中"马夫利欧"这个角色十分喜欢，回家后在日记中详细地记录下了这个角色的全部细节。这个青年名叫约翰·莫宁，他还喜欢在自己的日记中记录一些伦敦城里的趣闻。

据说，其中有一则趣闻写的是理查·博比奇饰演查理三世成功的那段日子，有个市民的妻子在离开剧院时约博比奇见面，这恰好被莎士比亚无意间听到了。于是，莎士比亚就先行前去与这位女子见面。等博比奇到来后，他在门口喊"查理三世驾到"，而里面却答话称"征服者威廉已先于查理三世驾临"。

在戏剧界，莎士比亚可以说是无往不利的，这也很可能会被人取作一个"征服者威廉"的外号。

（三）

环球剧院修建完成之前，莎士比亚就已经开始写一部新的历史剧了，这部历史剧就是《亨利五世》。

这之前，莎士比亚在他的历史剧中已经塑造了一系列的国王形象：心慈面软、庸碌无能的亨利六世、凶残暴虐的理查三世、残杀亲侄子的约翰王、荒淫奢侈的理查二世等。虽然亨利四世算得上治国有方，但也是一位篡位之君。所以，莎士比亚塑造的人物总是让他心怀不安。这次，莎士比亚的笔下终于出现了一位理想中的完美君主形象。

这部戏讲的是英法战争百年中的阿金库尔战役的故事，情节紧承《亨利四世》中老国王病逝的一幕。在《亨利四世》中，亨利五世是个纨绔子弟，整天无所事事，没什么追求和理想。然而当父王面临叛乱和丢掉王位的危险时，他又秉持了父亲的精神，勇敢地击退了叛军。根据自己的出身，他认为自己可以继承法兰西的王位，然而，法兰西的王位继承法却剥夺了他的继承权。

此时，恰好法国的一位大使进来求见，并以皇太子的名义赠送给亨利五世一箱子网球，用以嘲讽亨利五世少年时代的放荡不羁。见此情景，亨利五世恼羞成怒，他立即利用这个事件作为借口，让大使禀明法国的皇太子：

"为了他今天开的这个玩笑，成千上万的女人将变成寡妇！"

　　于是，亨利五世决定将法兰西作为一个网球场，将网球打到皇帝的王冠之上。就在亨利五世率兵出征之时，几个贵族受法国的贿赂纠集在一起，企图除掉亨利五世。

　　亨利五世不失时机地杀掉了叛国者，然后率军向法国挺进，并很快攻下哈福娄城。法国国王闻讯后，立即召集皇太子和众大臣商量对策。由于法国军队人多势众，对英军根本不屑一顾，因此非常轻蔑地要求英军退军，并要求亨利五世向法国国王道歉谢罪。

　　亨利五世断然拒绝了法王的要求。他走到士兵中间，鼓舞他们勇敢作战。亨利五世的言行深深地鼓舞了士兵的战斗士气，在此后的阿金库尔战役中，英军以少胜多，终于取得了巨大胜利。

　　打败法国后，亨利五世不仅成为法国的王位继承人，还迎娶了法国的公主凯瑟琳。这样，亨利五世的子女也有了法国王位的继承权。

　　在这场对外战争中，亨利五世不仅赢得了一个国王、一个王后，还树立了威信，受到臣民们的拥护和爱戴。只可惜的是，他的儿子亨利六世是个懦弱无能的家伙，没有将他父亲的勇敢精神继承下来，"到最终既丧失了法兰西，又害得英格兰血流遍地"。

　　这是《亨利五世》结尾处所说的一些话，它巧妙地将莎士比亚的第二个历史剧"四部曲"与第一个"四部曲"联系在一起，共同构成了反映英法在15世纪百年历史中的一套8集连续剧。

　　在《亨利五世》中，无论是处理朝政、指挥作战，还是为人处世，亨利五世都可以称得上是一位贤明的君主。他真心实意地向学识渊博的主教请教；对外战争的理由他也明白地讲给别人听，不曾隐瞒任何阴暗的目的。尤其是他与士兵的亲密关系，经常安慰、鼓舞士兵，还吩咐英军"行经法兰西的村子，不准强取豪夺，除非照价付钱；不准出言不逊，侮辱法国人民。要知道，在'仁厚'和'残暴'争夺王位时，总是和颜悦色的'仁厚'可以最先将它赢到手"。

在打败法兰西，向法国公主求婚时，亨利五世也没有像一个胜利之君那样霸道，而是像一个直爽的青年那样，简明、直接而礼貌地表达了他对公主的爱意，没有任何的献殷勤和花哨的言语。

总之，在伊丽莎白时代，莎士比亚不知不觉地将资产阶级要求自由平等的人文主义思想赋予在他的理想君主身上。可以这样说，他笔下的亨利五世已经不再是那个15世纪初的英格兰帝王了，而是资产阶级领袖人物的理想化身。

莎士比亚的主要作品包括：悲剧《罗密欧与朱丽叶》、《麦克白》、《李尔王》、《哈姆莱特》、《奥赛罗》、《泰特斯·安德洛尼克斯》、《尤里乌斯·恺撒》、《安东尼与克莉奥佩特拉（埃及艳后）》、《科利奥兰纳斯》、《特洛埃围城记》、《雅典的泰门》等；喜剧《错中错》、《终成眷属》、《皆大欢喜》、《仲夏夜之梦》、《无事生非》、《一报还一报》、《暴风雨》、《驯悍记》、《第十二夜》、《威尼斯商人》、《温莎的风流娘们》、《爱的徒劳》、《维洛那二绅士》、《泰尔亲王配力克尔斯》、《辛白林》、《冬天的故事》等；历史剧《亨利四世》、《亨利五世》、《亨利六世》、《亨利八世》、《约翰王》、《里查二世》、《里查三世》；十四行诗《爱人的怨诉》、《鲁克丽丝失贞记》、《维纳斯与阿都尼》、《热情的朝圣者》、《凤凰和斑鸠》等。

第十三章　优美的十四行诗

> 　　世界是一个舞台，所有的男男女女不过是一些演员，他们都
> 有下场的时候，也都有上场的时候。一个人的一生中扮演着好几
> 个角色。
>
> ——莎士比亚

（一）

　　16世纪上半叶，十四行诗从意大利传入英国。到了90年代，由于西德尼的《阿斯特洛菲尔和斯黛拉》出版，十四行诗成为英国最流行的诗歌形式。曾有人统计，仅在1592年到1597年的5年之间，英国就发表了2500多首十四行诗。如果再加上那些没有发表的，数目肯定更多。由此可见十四行诗在英国的诗歌界所引起的轰动。

　　但是，让十四行诗最终走出英国、走向世界，并能够获得极高声誉的人，却只有莎士比亚。

　　在创作戏剧之前，莎士比亚一直都想做一个诗人，因此他在创作戏剧的同时也在进行着十四行诗的写作。从1592年到1598年，莎士比亚创作的十四行诗共有154首。

　　最早提到莎士比亚这些诗的人是米尔斯。他在《帕拉迪斯·塔米昂，智慧的宝库》一书中写道：

　　"他（莎士比亚）在私交之间传抄的甜蜜的十四行诗。"

由此可见，莎士比亚当时创作的十四行诗在他的朋友中间传抄很广。到1599年，这些诗其中的两首（第138首与第144首）在未经莎士比亚同意的情况下被选入一本诗集当中。

整部诗集的首次刊印是在1609年，由托马斯·索普负责出版。在诗集的献辞中，索普写道：

> 献给下面刊行的十四行诗的促成者W·H先生，祝他万事如意，并希望我们永生的诗人所预示的不朽得以实现。
>
> 对他怀有好意并断然予以出版的T·T

虽然这个诗集的出版可能未经作者同意，但我们还是应该感谢这位热心的出版商。据说当时他到处搜集莎士比亚的十四行诗，有一个人居然帮他弄到了一箱子的手抄本。索普遂将这些手抄本变成了出版物，令后人有机会得以欣赏到莎士比亚的诗歌创作才华。不过，献辞中的"T·T"应该是指托马斯·索普，但"W·H先生"是谁，我们就不得而知了。

文艺复兴初期流行的十四行诗结构严谨，一般分为上下两个部分，上段为8行，下段为6行，对音节和韵脚也有着严格的规范。

而莎士比亚的十四行诗结构却有所不同，他虽然也是将十四行诗分为两部分，但第一部分为3~4行，第二部分为两行，每行为10个音节。这种形式后来被称为"莎士比亚式"或"伊丽莎白式"。

对诗人来说，诗的结构越严谨，就越难以抒情，就像中国的格律诗一样，但莎士比亚改动了他的十四行诗结构，当然是因为他自信有足够的才华可以在这样的结构中自由地抒发他的情感了。

在运用这个诗体形式时，莎士比亚表现得极为得心应手。而其最擅长的是最后两行诗，往往构思奇诡，语出惊人，既为全诗的点睛之作，又自成一联警语格言。

（二）

　　莎士比亚的十四行诗主要涉及三个人物：诗人、"年轻朋友"和"黑肤女郎"。他的154首诗大体分为两个部分，第一部分是从第一首到第126首，是献给他的"年轻朋友"的；第二部分从第127首到第152首，是献给一位"黑肤女郎"的；最后两首诗则是对古希腊两首诗的意译。可以说，青春、友谊和爱情是莎士比亚整部十四行诗集的主要旋律。

　　莎士比亚的第105首十四行诗，可以作为我们理解他的全部十四行诗主要思想的一把钥匙：

　　　　别把我的爱唤作偶像崇拜，
　　　　也别把我的爱人看成一座偶像，
　　　　尽管我所有的歌和赞美都用来
　　　　献给一个人，讲一件事情，不改样。
　　　　我的爱人今天有情，明天也忠实，
　　　　在一种奇妙的优美中永不变心；
　　　　所以，我的只歌颂忠贞的诗辞，
　　　　就排除驳杂，单表达一件事情。
　　　　真，善，美，就是我全部的主题，
　　　　真，善，美，变化成不同的辞章；
　　　　我的创造力就用在这种变化里，
　　　　三题合一，产生瑰丽的景象。
　　　　真，善，美，过去是各不相关，
　　　　现在呢，三位同座，真是空前。

　　从这首十四行诗中，我们显然可以看到诗人的情感世界，这个世界是一个真、善、美统一的世界。这时的莎士比亚风华正茂，对人生、社会都充满了美好的期望，对人文主义理想更是深信不疑。

一些研究者常常对诗中的"年轻朋友"是男性还是女性提出疑问，其实完全没这个必要，莎士比亚可能希望留给后人的是一种模棱两可的感觉，想热情赞美和执著追求的是一种"至真至纯的感情"，一种真、善、美相统一的感情，无论是友情还是爱情，都要求如此。

莎士比亚诗集的第1至17首，是诗人劝朋友们赶快结婚生子的。因为美好和青春总是易逝的，只有留下后代，才能让美好和青春延续下去。这也是十四行诗集中独立的一个部分。

诗人对年轻朋友的感情深厚而强烈，他将这种感情看得高于一切，比如在第29首中他写道：

> 我偶尔想到了你呵，——我的心怀
> 顿时像破晓的云雀从阴郁的大地
> 冲上了天门，歌唱起赞美诗来；
> 我记着你的甜爱，就是珍宝，
> 教我不屑把处境跟帝王对调。

而当年轻的朋友夺去了诗人的情人时，诗人又痛苦不已，但对朋友的爱却令他无法将这种仇恨施加在朋友身上。比如在第40首中他就无奈地写道：

> 虽然你把我仅有的一切都抢走了，
> 我还是饶恕你的，温良的盗贼；
> 不过，爱懂得，爱的缺德比恨的
> 公开的损害要使人痛苦几倍。

在第116首诗里，诗人还大声宣称：忠贞不渝的爱，能够征服易逝的光阴。

> 不呵！爱是永远固定的标志，
> 它正视风暴，决不被风暴震撼；
> 爱是一颗星，它引导迷途的船只，
> 其高度可测，其价值却无可计算。
> 爱不是时间的玩偶，虽然红颜
> 到头来总不被时间的镰刀遗漏；
> 爱决不跟随短促的韶光改变，
> 就到灭亡的边缘，也不低头。

对友情无限忠诚，对爱情也是如此，诗人追求的是一种彼此忠诚、毫无保留的爱情，对"黑肤女郎"的感情便达到了这一步。可惜，他遇到的是一个水性杨花的女人，他的痴情不仅没有获得回报，还给他带来无限的痛苦与烦恼。但即使如此，诗人也不后悔。诗人清楚地知道：他的情人并不是众人眼中的美女，而只是一个"黑肤"的女郎，然而他又情不能自已。在第141首中，诗人便表达了这种炽热的情感：

> 说实话，我并不用我的眼睛来爱你，
> 我眼见千差万错在你的身上；
> 我的心却爱着眼睛轻视的东西，
> 我的心溺爱你，不睬见到的景象。
> ……
>
> 可是，我的五智或五官都不能

说服我这颗痴心不来侍奉你，

我的心不再支配我这个人影，

甘愿做侍奉你骄傲的心的奴隶。

总而言之，与戏剧一样，莎士比亚的十四行诗在世界文学宝库中也是一颗璀璨的宝石。在这些十四行诗中，诗人构筑了一个真、善、美和充满爱的世界。精练的语言、新鲜的比喻、丰富的哲理以及优美和谐的音调，都深深地吸引着无数读者进入他的诗化世界。

→ 　　1632年，第二部莎士比亚戏剧集中附有一首未曾署名的诗，给予了莎士比亚热情洋溢的赞美。诗中写道："这个平民的儿子高踞在他的宝座上，创造了整整一个世界，并管理着它；他用一种秘密的动力激励着人类，时而激起我们揪心的怜悯，时而又激起我们强烈的爱；他能控制我们的喜怒哀乐；他用生火熔炼我们，使我们脱胎换骨。"由此可见，莎士比亚在他的那个时代就已经享誉盛名了。

第十四章　悲剧创作的高潮

　　赞美倘从被赞美自己的嘴里发出，是会减去赞美的价值的；从敌人嘴里发出的赞美，才是真正的光荣。

——莎士比亚

（一）

　　1601年，莎士比亚已经37岁了，在伦敦这个繁华的都市已经生活了16年，从一个血气方刚、充满理想的青年成长为一个成熟的中年男子。

　　此时的莎士比亚阅历丰富，思想成熟，透过种种浮华的表面现象，他清楚地看见了社会的黑暗和罪恶。疾恶如仇、富于人文理想的莎士比亚对这些黑暗和罪恶不可能熟视无睹、无动于衷。再加上生活中遭遇丧子、丧父之痛，也让他逐渐悟透了人生的许多真谛。

　　与此同时，多年来创作历史剧和喜剧所积累的丰富经验也让他有足够的艺术功力去反映社会现实，表达自己深刻的思想。于是，他开始转向悲剧创作。

　　在莎士比亚所创作的悲剧当中，有四部以古罗马历史为题材的悲剧，它们是《泰特斯·安德洛尼克斯》、《尤里乌斯·恺撒》、《安东尼与克莉奥佩特拉》和《科利奥兰纳斯》。这四部悲剧在风格和内容上与其他悲剧都有所不同。虽然这四部悲剧在创作时间上跨度很大，但仍然被看做是一个整体，称为"古罗马历史悲剧"。

《泰特斯·安德洛尼克斯》是莎士比亚早期创作的一部悲剧，是当时"血与泪"的复仇剧流行的产物。这部悲剧剧情夸张，冲突激烈，散发着浓烈的血腥味，演出时杀气腾腾的气氛始终笼罩全场，是一部名副其实的复仇剧。

剧情讲的是罗马大将泰特斯征讨哥特人凯旋，并将哥特人的王后塔摩拉及其4个儿子带回罗马当人质。他不顾塔摩拉的苦苦哀求，残忍地杀死了她的大儿子祭奠自己22个阵亡的儿子。为此，塔摩拉的心中埋下了仇恨的种子。

不久，塔摩拉便因为美貌非凡而被罗马皇帝萨特尼纳斯立为皇后。深得宠幸的塔摩拉开始了她的复仇计划，她和儿子及奴仆艾伦合谋杀死了皇帝的弟弟，然后将罪名嫁祸到泰特斯的两个儿子身上。

为挽救被判以死刑的儿子，泰特斯受到艾伦的愚弄，砍下了自己的左臂。然而，在两个儿子血淋淋的头颅面前，泰特斯终于醒悟。他再次采取了令人毛骨悚然的复仇方法，将塔摩拉的儿子捉住，然后把他们一刀刀肢解，把他们的骨头磨成粉，与他们的鲜血和肉拌在一起做成饼，用来招待塔摩拉。在塔摩拉津津有味地吃饼时，泰特斯说出了真相。

后来，皇帝刺死了泰特斯，泰特斯的儿子路歇斯又杀死了皇帝。作恶多端的艾伦被齐胸活埋在泥土里。最后，罗马的人民拥戴路歇斯为国王。

这出悲剧在制造恐怖场面上是相当成功的，受到了当时观众的欢迎，自然也给莎士比亚带来了一定的名声。但在艺术水平上，过于华丽的词藻，冲突的表面化，对人物性格缺乏必要的剖析，让这部作品只能算是莎士比亚早期的一部习作。

《尤里乌斯·恺撒》和《安东尼与克莉奥佩特拉》是两部剧情相连的作品。罗马大将恺撒在征战中屡建战功，在群众中树立了巨大的威信。但同时，他又逐渐成为一个独裁者。罗马国王路歇斯等人企图除掉他，但他们在群众中缺乏号召力，于是便极力怂恿德高望重的勃鲁托斯参加反叛集团。勃鲁托斯在经历了一番激烈的思想斗争后，终于在元老院开会时将恺撒刺死。

恺撒死后，他的心腹安东尼在葬礼上以煽动性的演说蛊惑罗马市民，将勃鲁托斯赶出罗马城。最后，在安东尼、恺撒的侄子奥克泰维斯等人率领军队的围困之下，勃鲁托斯自杀身亡。

最后一部罗马悲剧是《科利奥兰纳斯》。由于杰出的政治才能，罗马元老院决定推举科利奥兰纳斯担任罗马城的执政官。但科利奥兰纳斯轻视群众，结果激起了群众的反对，科利奥兰纳斯被赶出了罗马城。

科利奥兰纳斯为了报仇，勾结罗马的敌人伏尔斯人攻打罗马城。在关键时刻，他的母亲伏伦尼娅挺身而出，斥责他为个人恩怨损害国家利益的卑劣行为。科利奥兰纳斯最终放弃复仇，罗马城得以保全。然而科利奥兰纳斯却难逃脱伏尔斯人的毒手，在科利奥里城，他被乱剑刺死。

在这四部罗马悲剧中，如果将《泰特斯·安德洛尼克斯》比喻成唱戏前的锣鼓声的话，那么《尤里乌斯·恺撒》就是帷幕被拉开了。而主角的上场，则是于1601年被作为莎士比亚"戏剧诗人之王"王冠上的一颗璀璨夺目的明珠——《哈姆莱特》。

（二）

在莎士比亚所有的悲剧中，《哈姆莱特》是最著名的一部，剧情是关于丹麦王子哈姆莱特为父报仇的故事。

早在12世纪末，这个故事在丹麦历史学家撒克逊·格拉玛狄库斯所写的一部《丹麦史》中有过记载。1580年，法国作家贝尔福莱在他编写的一本《奇异故事集》中将这段历史改写成一个故事。不久，这本书便在英国翻译出版了。

莎士比亚的《哈姆莱特》故事蓝本一般认为是16世纪80年代戏剧家基

德创作的同名悲剧。基德的代表作《西班牙悲剧》为悲剧这一剧种创建了一种复仇悲剧的基本模式，莎士比亚受他影响，便用这套模式创作出了这部比基德的同名剧更为杰出的悲剧。

同时，莎士比亚在创作时也许还想到了自己那不幸夭折的儿子，希望自己的儿子能与这部戏一起永垂不朽，因而用儿子的名字为这部悲剧命名。

《哈姆莱特》一开场便充满了神秘和恐怖的气氛，因为守城的士兵经常在晚上看到一个模样酷似老国王的幽灵在丹麦城堡上空游荡。军官霍拉谢尔是王子哈姆莱特的朋友，他在证实这件事后，马上告诉给王子哈姆莱特。

哈姆莱特决定晚上与军官一起到城堡看个究竟，结果看到的幽灵不是别人，正是自己刚刚去世的父亲。父亲的鬼魂告诉他，自己是被弟弟克劳迪斯害死的，克劳迪斯将一种致命的毒液趁老国王在花园熟睡时滴入他的耳朵，害死了他，然后篡夺王位，并娶了自己垂涎已久的嫂子。

老国王的鬼魂要求王子哈姆莱特为他复仇，这让哈姆莱特意识到自己肩上责任的重大。以前，哈姆莱特只是个年轻的王子，英俊、正直、善良，曾在德国威登堡大学读书，在那里受到人文主义思想的熏陶，对世界、人生形成了一种全新的看法。虽然身为王子，但他却反对封建等级观念，主张人与人之间的关系应该平等。

然而，就在他对自己的前途充满美好的憧憬时，丹麦传来了让他大为震惊的消息：他敬爱的父亲突然死了，叔叔克劳迪斯篡夺了原本应由他继承的王位，而他的母亲乔特鲁德也改嫁给叔叔克劳迪斯。

现在，他看到了父亲的鬼魂，还要求自己为他复仇。但父亲又对哈姆莱特说，在报仇时不要伤害到他的母亲，要让上帝来裁判她，让她受到良心的责备。

老国王的鬼魂说完这些话后便消失了。

冷酷的现实让哈姆莱特遭受了巨大的打击。本来英俊快乐的王子，一下子变得忧郁起来。但他同时也意识到，为父亲复仇不是他个人的事情，而是一件牵扯到国家命运的事情。他害怕自己不小心泄露了秘密，父仇未报身先死，那他不仅对不起父亲在天的亡灵，还可能牵连全国的百姓。哈姆莱特在剧中有一句著名的台词：

"这是一个颠倒混乱的时代，唉，倒霉的我却要负起重整乾坤的责任！"

为此，哈姆莱特对自己深爱的恋人、大臣波洛涅斯的女儿奥菲莉亚故作薄情，甚至还装出一副疯疯癫癫的样子，这样既能使克劳迪斯无法把握他复仇的真实意图，以此掩盖自己的复仇计划，还可以借疯言疯语试探对方，寻找复仇的时机。

（三）

虽然哈姆莱特每天装疯卖傻，但狡猾的叔叔克劳迪斯还是对他充满了怀疑，认为哈姆莱特是在装疯。他怀疑哈姆莱特已经知道自己阴谋篡位的事实了。

于是，克劳迪斯就命令大臣波洛涅斯去刺探哈姆莱特内心的秘密，还派人找来哈姆莱特以往的两个老同学罗森格兰兹和吉尔登斯吞，命令他们陪伴在王子周围，想办法弄清哈姆莱特内心的真实想法。

但是，克劳迪斯的伎俩被聪明的哈姆莱特识破了。新王在刺探他，他也在刺探新王，想验证一下父亲鬼魂的话是不是真的。

哈姆莱特是一个非常机智而热爱思考的王子。面对社会的罪恶，他竭力想认识社会、认识人生。他思考着人应该如何生活，如何消除社会罪恶、实现理想等。在剧中，他有6段长篇的独白，表现出了他的深刻思考。

下面就是哈姆莱特那段著名的探索人生意义的独白：

> 生存还是毁灭，这是一个值得考虑的问题；默然忍受命运暴虐的毒箭，或是挺身反抗人世无涯的苦难，通过斗争把它们扫清，这两种行为，哪一种更高贵？……
>
> 谁愿意忍受人世的鞭挞和讥嘲、压迫者的凌辱、傲慢者的冷眼、被轻蔑的爱情的惨痛、法律的迁延、官吏的横暴和费尽辛勤所换来的小人的鄙视，如果他只要用一柄小小的刀子就能清算他自己的一生？
>
> 谁愿意负着这样的重担，在烦劳的生命压迫下呻吟流汗，倘不是因为惧怕不可知的死后，惧怕那从来不曾有一个旅人回来过的神秘之国。是它迷惑了我们的意志，使我们宁愿忍受目前的折磨，不敢向我们所不知道的痛苦飞去？这样，重重的顾虑使我们全变成了懦夫，决心的赤热的光彩，被审慎的思维盖上了一层灰色，伟大的事业在这一种考虑之下，也会逆流而退，失去了行动的意义。

哈姆莱特一面在思考这些社会问题，同时也在积极寻找行动的机会。恰好这时，一个流动的戏班子进宫演出，哈姆莱特便现编了一些台词和情节，让一个演员朋友借演戏机会上演一出阴谋杀兄、娶嫂、篡位的戏，并让自己的好友霍拉旭在旁边仔细观察新王克劳迪斯的反应，而哈姆莱特则远远地躲在恋人奥菲莉亚的旁边。

果然，新王克劳迪斯看了这出戏，尤其是听了哈姆莱特现编的那段台词后显得坐立不安，最后竟然仓皇地退席了。这一下，哈姆莱特对父亲鬼魂说的话的怀疑完全消失了。他确信：克劳迪斯就是杀害父亲、篡夺王位的凶手。

在克劳迪斯的授意下，王后将哈姆莱特召到宫中谈话。王后乔特鲁德责备儿子"已经大大得罪了你的父亲"，而哈姆莱特则反讥母亲这么快就忘记了父亲，迫不及待地嫁给叔叔。他还把一面镜子放在母亲面前，叫她好好照照自己的灵魂。

王后以为哈姆莱特要杀她，吓得惊叫起来。而这时，被克劳迪斯派去探听情况的大臣波洛涅斯正躲在帷幕后面偷听。听到王后的尖叫，他也吓得失声叫了出来。

哈姆莱特以为躲在帷幕后面的就是新王克劳迪斯，一剑刺穿了帷幕，企图杀死新王，结果却把躲在后面的波洛涅斯刺死了。

哈姆莱特的做法让克劳迪斯由担心、怀疑变成恐惧。他无法再忍受危险的哈姆莱特，决定立刻除掉他。克劳迪斯设计了一个阴谋：让哈姆莱特到英国去，并让陪伴哈姆莱特到英国去的两个人带一份公文给英国国王。

事实上，克劳迪斯是想让那两个人陪哈姆莱特到英国索要贡奉，然后借英王之手处死哈姆莱特。在船上，哈姆莱特偷拆了公文，发现了这个阴谋。他将计就计，又重新写了一封公文，要英国国王把那两个送公文的人处死。

第二天，他们的船碰巧遇上了海盗，哈姆莱特则跳上海盗的船回到了丹麦。

这时，正在法国读书的雷欧提斯——波洛涅斯的儿子听说父亲的死讯后，也返回丹麦，要为父亲报仇。在克劳迪斯的唆使和欺骗下，雷欧提斯要与哈姆莱特决斗。而奥菲莉亚经受不住父亲去世、情人远离的打击，终至精神失常，不幸落入水中淹死了。

哈姆莱特回到丹麦后，正好看到奥菲莉亚的葬礼举行。雷欧提斯见到哈姆莱特后，两个人发生了厮打。心怀叵测的国王趁机诱使他们比剑，并在雷欧提斯的剑头上涂了毒药，还准备了一杯毒酒，阴谋刺死或毒死哈姆莱特。

在比剑过程中，哈姆莱特占据上风，国王假意高兴地赐酒给他。王后不知酒中有毒，竟代哈姆莱特喝下那杯毒酒，倒在地上。

哈姆莱特一分神，雷欧提斯一剑刺中了哈姆莱特。哈姆莱特又夺过雷欧提斯的剑，用这把有毒的剑刺中了雷欧提斯。

这时，王后毒性发作，倒在地上死去。奄奄一息的雷欧提斯在生命的最后一刻也看清了克劳迪斯的阴险狠毒，当众揭发了克劳迪斯的阴谋。哈姆莱特立刻举起那把毒剑，刺死了克劳迪斯。

最后，雷欧提斯和哈姆莱特也都因中毒死去。在临死前，哈姆莱特要求他的好朋友霍拉旭将他的故事告诉世界上的人们。

莎士比亚所创作的《哈姆莱特》这部悲剧，剧情虽然写的是中世纪的丹麦，但剧中所描写的种种政治腐败、矛盾重重、危机四伏的政治环境，却是16世纪末17世纪初英国在伊丽莎白统治末期的社会现实。因此，这部戏剧实际上也反映了先进的人文主义者与封建黑暗势力之间的矛盾冲突。

在这部戏剧当中，哈姆莱特是一个先进的人文主义者形象。他的任务不仅是为父亲报仇，还要"重整乾坤"，即按照人文主义者的理想来改造世界。从这个意义上来说，哈姆莱特虽然杀死了克劳迪斯，为父亲报了仇，但他重整乾坤的任务并没有完成。在临死之前，他也对霍拉旭说，这还是一个"冷酷的人间"。

1603年，也就是伊丽莎白时代结束的那一年，《哈姆莱特》一书由莎士比亚的同乡菲尔德印刷出版，当即摆在了伦敦各大书店的书架上。

当莎士比亚所在的"政务大臣"剧团于1603年2月到女王坐落在瑞奇蒙德的行宫作御前演出时，女王已经身患重病。到了3月下旬，女王的病情急转直下。3月24日，伊丽莎白一世结束了她叱咤风云的一生，统治了英国118年之久的都德王朝也随之宣告结束。

第十五章　受到皇室恩宠

　　无瑕的名誉是世间最纯粹的珍宝。失去了名誉，人类不过是一些镀金的粪土、染色的泥块。

——莎士比亚

（一）

　　伊丽莎白女王去世后，枢密会议推举苏格兰国王詹姆士登位。这样一来，上层社会普遍关心的王权继承问题终于得到了解决。伊丽莎白女王死后，人们写下无数的悼诗，但莎士比亚却没有留下一句致哀的诗。

　　詹姆士一世虽然是个男子，但却没有伊丽莎白的魄力，也没有王者的威仪。他的双腿软弱，没有旁人的扶助甚至不能行走。因此在登位之后，他没有给英国人民带来安定的生活。

　　1605年11月，詹姆士一世在主持新议会的开幕式时，一群天主教阴谋分子在会议大厅的地窖里安放了一桶炸药，企图在国王出现时引爆，炸死国王。但由于一件偶然的事故，导致此次阴谋败露，詹姆士一世幸免于难。

　　这已是短时期内发生的第二次阴谋事件了。莎士比亚在后来创作的戏剧《李尔王》中，借人物的台词发出了这样的感叹：

　　"亲爱的人互相疏远，朋友变成陌路，兄弟化为仇人；城市里有暴动，国家发生内乱，宫廷之内潜藏着逆谋……"

　　不过，詹姆士一世却十分喜好文艺，也因此给英国带来了22年持续不断的文艺繁荣。在登基后不久的1603年5月19日，他就向莎士比亚以及其他剧团演员表示出一种不同寻常而弥足珍贵的支持。他特地用皇家信笺发给他们一纸专利凭证，准许他们"自由地运用悲剧、喜剧、历史剧、插曲剧、道德剧、田园剧等表演艺术形式，以及其他他们所娴熟的戏剧形式，今后得以此等表演来娱乐朕以及朕的忠心臣属"。

这项圣旨中所提到的演员名字只有9个，排名第一的是劳伦斯·福莱柴尔。他早在1599年与1601年时就在苏格兰为詹姆士一世演戏了。排名第二位的是莎士比亚，接着是理查德·博比奇、奥古斯汀、菲利普斯、海明、亨利等。

与此同时，詹姆士一世还将莎士比亚所在的"政务大臣"剧团改名为"国王供奉"剧团；它的竞争对手"海军大臣"剧团也改名为"威尔士亲王"剧团。此后，"国王供奉"剧团的所有演员，当然也包括莎士比亚在内，都被录入到宫廷仆从的名单当中。每逢节日，他们要按照规定穿上与宫廷仆人一样的鲜红色坎肩、裤子和披风。

此后，"国王供奉"剧团经常有机会到宫廷当中演出，每年都超过20场，演员的收入也比以前有了大幅增长，莎士比亚因此也收入颇丰。对于莎士比亚家族来说，这的确是一件荣耀的事。

皇室的恩宠令莎士比亚所在的剧团成为全英国最显赫的剧团，而且这种情况一直都没有改变，直至詹姆士统治时代结束。以前有政务大臣的支持，剧团已经受之不尽；现在更是在国王的直接恩宠之下，受用之处自然更多了。詹姆士一世平均每年看戏的时间为伊丽莎白女王的5倍，其中多半都是由莎士比亚的剧团献演的。

（二）

新王詹姆士一世加冕，也令大批的游客于1603年初夏纷纷涌入伦敦，客栈和戏院日日挤满了新客人。然而，在享受看戏带来的快乐时，人们都忽略了一个事实，那就是人满为患的伦敦城里，瘟疫再一次潜生暗长。

天气渐渐热了，疫病肆虐愈厉，最后当局不得不于7月13日将瘟疫令下达到伦敦各教区中。

到了仲夏，伦敦几乎成为鬼城，剧院也全部关闭，"国王供奉"不得不开始了漫长的巡回演出，最远北达考文垂，最西则抵达贝斯。到11月底之前，他们才返回伦敦。当他们到达萨里的莫特雷时，接到了要他们到詹姆士一世御前演出的消息。

表演结束后，詹姆士赏赐给"国王供奉"剧团30磅，这在当时可是极为优厚的赏赐了。

这年的圣诞节期间，詹姆士又在汉普顿宫庆祝圣诞，莎士比亚的剧团一如既往地为詹姆士演出，一共在詹姆斯御前演出四次，在亨利王子殿前演出两次。

1604年3月，伦敦的瘟疫渐渐消失。这时，英国与西班牙的战事也即将结束，西班牙派卡斯蒂尔将军前来英国讲和。

卡斯蒂尔将军虽然带来了大批的扈从，但英国方面还是帮他准备了许多本地的侍从。一些"好性而高尚的人们"被选中，其中有包括莎士比亚在内的12名戏剧演员。

可惜的是，卡斯蒂尔将军不懂英文，要不然国王的演员们一定可以为他献上几场好戏。既然不懂英文，就不能安排为他演戏了，因此英廷只为他安排了犬熊格斗和空中飞人的消遣。而那些选中的演员们也只能在宫内候遣。

西班牙大使们在伦敦过得非常舒坦，每天环城观光、大量购物，珠宝商们的店铺都开到了通往西班牙大使居住的索窦西宫了。

和谈结束后，1604年8月25日，英西两国签订了合约，西班牙大使终于离开伦敦，英、西两国也终于达成了和平。

莎士比亚与其他11位演员同仁在索寞西宫从8月9日一直服务到27日。这似乎是他们第一次、也是最后一次充任国王宫廷内侍。此后，直到詹姆士统治时代终了，他们的工作也只限于演戏。

西班牙大使刚刚离开英国，英国王宫就开始为1604年的圣诞做准备了，因为詹姆士一世迫不及待地想看戏，所以决定打破传统，不在圣诞节那天开演，而是从11月1日就开始圣诞季。当然，全季开锣戏的光荣自然是非"国王供奉"剧团莫属，而这次的开场戏定的是莎士比亚创作的《奥赛罗》。

（三）

《奥赛罗》是莎士比亚戏剧中唯一一部以当时文艺复兴时期为背景的家庭关系剧，剧中既没有鬼怪或精灵等超自然因素搅在里面，也没有象征，从头到尾都是现实，反映了文艺复兴时期深刻的社会矛盾。

这个剧本主要取材于意大利小说家辛斯奥的故事集《寓言百篇》中的《威尼斯的摩尔人》。故事讲述了一个嫉妒心很强的摩尔人，因为轻信部下的谗言而将自己清白无辜的妻子杀害。原故事非常简单，除了苔丝狄蒙娜之外，其他人物都没有姓名。

莎士比亚改编了这个充满血腥的老故事，在其中塑造了几个栩栩如生的人物，令这个故事更加生动真实。

故事中的奥赛罗是威尼斯公国的一员骁勇善战的大将。他虽然是摩尔人，但品格高尚，在战场上更是所向披靡，因此很受威尼斯元老院的器重。

勃拉班修是一位德高望重的元老。他经常邀请奥赛罗去他家中做客，请他讲述种种富有传奇色彩的冒险经历。奥赛罗的故事深深地吸引了元老的女儿苔丝狄蒙娜。

苔丝狄蒙娜是勃拉班修唯一的女儿，美丽、聪慧，因此也吸引许多贵族青年向她求婚。但苔丝狄蒙娜的眼中只有奥赛罗，认为奥赛罗才是真正的英雄。只是两人地位悬殊，苔丝狄蒙娜知道父亲一定不会同意这桩婚事的，因此她瞒着父亲偷偷与奥赛罗举行了婚礼。

奥赛罗手下有一个名叫伊阿古的人。他表面诚实、殷勤，其实是个阴险的小人。奥赛罗在选副将时，没有选中他，而是选中了比他年轻的军官凯西奥。这件事让伊阿古对奥赛罗怀恨在心，准备伺机报复奥赛罗。

当他得知奥赛罗与苔丝狄蒙娜私下结婚的消息后，认为报复的机会来了。他怂恿一个垂涎苔丝狄蒙娜美貌和财富的无赖罗德利哥将这消息告诉勃拉班修。勃拉班修听到这个消息后，立即向元老院控告奥赛罗，认为奥赛罗诱惑了他的女儿，并要求元老院严惩奥赛罗。

可是，元老院认为奥赛罗和苔丝狄蒙娜是真心相爱，结婚并没有什么不对，勃拉班修只得无可奈何地同意了女儿的婚事。

正在这时，传来了土耳其舰队正向威尼斯公国属地塞浦路斯侵犯的紧急情报，公爵当即任命奥赛罗为塞浦路斯总督，出征抵抗土耳其人的进攻。深明大义的苔丝狄蒙娜决定与奥赛罗一起前往。

伊阿古见破坏婚事不成，便又捏造称奥赛罗的副将凯西奥与苔丝狄蒙娜有奸情。一方面，他破坏了凯西奥的名誉，令奥赛罗免去了凯西奥的职务；另一方面，他又让他的妻子艾米利亚怂恿苔丝狄蒙娜为凯西奥在奥赛罗面前说情。

同时，伊阿古还制造了一些似是而非的场景和事件，让奥赛罗相信苔丝狄蒙娜的确对丈夫不忠。天真善良的苔丝狄蒙娜自然没有意识到自己已陷入一个阴谋之中，仍在奥赛罗面前竭力为凯西奥求情。

就这样，伊阿古一步步用怀疑和嫉妒毒害了奥赛罗高尚的灵魂，而他不仅当上了副将，还获得奥赛罗的认可而刺杀了凯西奥。虽然奥赛罗深爱着妻子苔丝狄蒙娜，但伊阿古不断在他耳中灌输怀疑的话语，最终奥赛罗的危险思想就像"硫矿一样轰然爆发",他亲手掐死了无辜的妻子苔丝狄蒙娜。

这时,人们把受伤的凯西奥抬了进来,艾米利亚也进来看到了被掐死的苔丝狄蒙娜。她终于明白,是自己的丈夫伊阿古用诡计害死了贞洁的苔丝狄蒙娜。

善良的艾米利亚不顾丈夫的恫吓,当众揭露了伊阿古的阴谋,被刺伤的凯西奥也澄清了事情的真相。伊阿古气急败坏,拔剑刺死了自己的妻子。

懊悔万分的奥赛罗也拔剑自刎,倒在苔丝狄蒙娜的身边。在弥留之际,他说道:

"我在杀死你以前,曾经用一吻和你诀别;现在,我自己的生命也在这一刻里终结。"

在《奥赛罗》这部悲剧中,莎士比亚以其天才般的洞察力,将时代的矛盾与悲剧凝聚在两个对立的主人公——奥赛罗与伊阿古身上。一个真诚、正直、善良的人,最终被一个阴险、狡诈的小人所挫败,揭示出了人文主义者所向往的人与人之间真诚相待的理想与黑暗、虚伪、奸佞的恶势力之间的矛盾。

《奥赛罗》是莎士比亚三部以爱情为主题的悲剧之一(另外两部是《罗密欧与朱丽叶》和《安东尼与克莉奥佩特拉》)。就剧情结构来说,《奥赛罗》可以算得上是莎士比亚最为完美的一出悲剧了。

第十六章 《李尔王》与《麦克白》

虚荣是一件无聊的骗人的东西。得到它的人，未必有什么功德；失去它的人，也未必有什么过失。

——莎士比亚

（一）

1605年初，英国遭遇到恶劣的天气，病魔肆虐。同年5月，莎士比亚的同事和老朋友奥古斯汀·菲利普斯不幸去世。他是"国王供奉"剧团的元老了，他的去世，令莎士比亚非常伤心。

这年的9月，伦敦又出现了月偏食和日全食，这更加令人不安。在这种境况下，莎士比亚开始创作他另一部优秀的悲剧——《李尔王》。

关于李尔王的故事，早在12世纪的一本《不列颠王国史》中就已经出现了，此后又出现在15世纪非常流行的一本故事集《罗马人的伟绩》中。在莎士比亚之前，已经有几十个人写过这个故事了，但影响都不大。而莎士比亚的改编却化腐朽为神奇，令这个古老的故事变成为一部不朽的艺术珍品。

故事发生在古代的不列颠王国。老国王李尔因年迈力衰，决心摆脱一切事务，将国家交给年轻人去治理。国王有三个女儿，他准备把国土分成三部分，然后将三个女儿——奥本尼公爵夫人高纳里尔、康华尔公爵夫人里根和待嫁的考迪莉娅叫到跟前，让她们用语言来表达对自己的爱。国王

107

打算根据她们对自己爱的程度，来分配给她们每人应得的那份国土。

长女和次女用尽一切花言巧语表达自己对父亲的爱，结果都分得了广袤富庶的土地。而最忠爱他的小女儿却说：

"我是个笨拙的人，不会把我的心里话都挂在嘴上，我爱您只要按照我的名分，一分不多，一分不少。"

当李尔王警告她时，她仍然说：

"父亲，您生下我，把我养大，教育成人，爱惜我，厚待我，我受到您这样的恩德，只有恪守我自己的责任，服从您，爱您，敬重您。我的姐姐们要是用她们的整个心来爱您，那么她们为什么还要嫁人呢？要是有一天我出嫁了，那接受我的忠诚誓约的丈夫，将只能得到我一半的爱、一半的关心和责任；假如我只爱我的父亲，我一定不会像我的姐姐们那样再去嫁人了。"

可是，小女儿的这番肺腑之言不但没有获得认可，还引起了脾气暴躁、刚愎自用的李尔王的满腔怒火。在盛怒之下，他把应属于考迪莉娅的那部分国土分给了长女和次女，剥夺了诚实率直、不会取悦父亲的小女儿的一切权利，并宣布和考迪莉娅断绝父女关系。

李尔王当着全体朝臣的面宣布：将他的行政、税收等所有大权全部交给他的两个大的女儿女婿，并赐给他们皇冠，自己仅保留国王的尊号，保留100名骑士做侍从，由两个女儿女婿供奉，每月轮流住在她们的家里。

众臣都对李尔王的举动感到震惊，忠心耿耿的大臣肯特伯爵挺身而出，为考迪莉娅声辩。这让李尔王更加生气，他下令放逐了这个敢于直言的忠臣。

同时，向考迪莉娅求婚的勃艮第公爵见考迪莉娅已经失去了李尔王的宠爱，出嫁时什么妆奁也不会有了，赶紧放弃求婚，溜之大吉；而同样向考迪莉娅求婚的法兰西国王却看重考迪莉娅的美德，坚持要将善良的考迪莉娅娶回法兰西做皇后。

考迪莉娅在准备跟随法兰西国王回法兰西时，与亲人一一告别，并叮嘱两个姐姐要遵守她们的诺言，善待父亲。

（二）

不久，轮流住在两个女儿家中准备安享晚年的李尔王就遭到了原形毕露的两个女儿高纳里尔和里根的无情训斥。李尔王住在高纳里尔家的第一个月，她之前那阿谀奉承的笑脸便消失得无影无踪。她将父亲视为累赘，更将他的100名侍从看成是浪费，提出要减少一半侍从；她还指使仆人故意怠慢李尔王。这一切让李尔王感到非常伤心和失望。

忠实的肯特伯爵不忍看到老国王遭受欺辱，化名为卡厄斯，乔装成仆人陪伴在李尔王左右。不久，李尔王怀着莫大的希望准备从大女儿宫中转住到二女儿里根的宫里。他先派卡厄斯去报信，希望二女儿能有时间准备一下。

可是，当他到达里根的宫里时，看见的却是卡厄斯被戴上脚枷的情景，而二女儿和二女婿更是拒绝见他。原来，两姐妹已经串通一气，她们甚至提出要解散李尔的侍从。

两个女儿的恶毒做法深深伤害了李尔王的心，他开始精神失常，并发誓要向不孝的女儿复仇。

李尔王有一位名叫葛罗斯特伯爵的重臣。他有两个儿子——合法的大儿子爱德加和私生的小儿子埃德蒙。为篡夺家产，阴险的埃德蒙一面仿照哥哥的笔迹伪造了一封爱德加企图谋害父亲、霸占家产的信，一面又骗爱德加潜逃以避开父亲的责怪。他还假装为保护父亲而与爱德加决斗，令葛罗斯特伯爵相信了他的谎言，恨不得立刻杀死爱德加。

可怜的爱德加为保全性命，只好背着弑父的罪名，乔装成乞丐逃到荒原中到处流浪。在荒原上，他遇到了疯癫的李尔王。

葛罗斯特伯爵对李尔王的两个女儿不尽孝道的行为实在看不下去了，而且他还听到了高纳里尔和里根密谋弑父的消息。他立刻悄悄把这个秘密告诉肯特，让肯特想办法把李尔王送到多佛。

虽然李尔王被肯特救走了，可葛罗斯特伯爵却被霸占财产的小儿子埃德蒙出卖，被里根及其丈夫康华尔公爵抓住，甚至被残忍地剜去双眼。并且他们还告诉他，出卖他的不是别人，正是他的庶子埃德蒙。葛罗斯特这才顿悟过来，知道自己错怪了大儿子爱德加。

小女儿考迪莉娅在得知父亲的不幸遭遇后，愤怒地起兵讨伐两个姐姐，然而不幸失败被俘，心狠手辣的埃德蒙下令吊死了她。看到心爱的小女儿的尸体，李尔王也在悲痛疯癫中伤心地死去。

然而，高纳里尔和里根却同时爱上了阴险的埃德蒙。为此，两人互相嫉恨。康华尔公爵刚刚被一位侍从杀死，里根就宣布要与埃德蒙结婚。高纳里尔得知消息后，恼羞成怒，暗中下毒药毒死了妹妹里根。

爱德加得到了一封高纳里尔写给埃德蒙的信，信中叫埃德蒙杀死她的丈夫奥本尼公爵，然后与她结婚。爱德加把这封信交给奥本尼公爵，奥本尼公爵非常愤怒，将高纳里尔关进了监牢。由于绝望，高纳里尔在狱中自杀而死。

爱德加又揭穿了埃德蒙的险恶用心，并与他决斗。在决斗中，爱德加终于杀死了埃德蒙。

最后，在肯特和爱德加的辅佐之下，奥本尼公爵恢复了不列颠的统一和安定。

《李尔王》虽然取材于古代英国的历史，但却折射出了当时社会的现实，揭示了那个时代残酷阴暗的一面。

在这部戏剧中，李尔王被刻画得非常富有变化性。随着剧情的发展，李尔王也在发生变化，观众对他的态度也在变。杜勃罗留夫曾评价李尔王说：

　　"对于这个毫无约束的专制暴君，开始我们觉得痛恨；可随着剧情的发展，我们越来越将他当成一个人加以谅解；而到了最后，我们已经不是对他，而是为了他，为了整个世界——对那种甚至能够将李尔王这样的人也引到无法无天的野蛮而缺乏人性的环境，充满了不满和炽烈的憎恶了。"

（三）

　　在英国历史上，企图刺杀英国君王的事件屡见不鲜。1605年，詹姆士一世就曾遭遇一群天主教阴谋分子制造的火药爆炸案。虽然结果有惊无险，但却给国王詹姆士和英国老百姓留下了深刻的印象。

　　在莎士比亚的家乡沃里克郡，就有一伙以罗伯特·凯茨为首的狂热的天主教乡绅。詹姆士一世上台后，未能给予天主教堂约定的一些特权，还下令迫害天主教堂。因此，这些人便策划了这起爆炸案，企图炸死国王、王后和大批国会议员，然后在英格兰中部起事，挟持王子和公主改变国策。

　　但是，他们其中的一个人偷偷写信告诉了朝廷重臣罗伯特·塞西尔。塞西尔见事关重大，马上将信呈给詹姆士一世。詹姆士一世大惊失色，吓得冷汗直流，因为他的父亲就是在他两岁时被炸药炸死的。他立即下令全城搜捕阴谋分子。

　　最终，主谋罗伯特·凯茨因拒捕被击毙，看守在炸药现场的主谋盖伊·福克斯当场被逮捕处死。

　　这件事发生在1605年11月5日英国议会开幕前夕。因此，此后的11月5日便因福克斯而成为一个节日，孩子们在这天晚上都纷纷燃放烟火，焚烧福克斯的画像。

　　这场爆炸案发生后，伦敦上下一片恐慌。莎士比亚翻阅了霍林西德的

《英格兰、苏格兰与爱尔兰编年史》中苏格兰的部分，找到了一个关于苏格兰权贵刺杀国王篡位的故事，觉得正好可以安慰惊恐的国王，认为刺杀国王的人都没有什么好下场。1606年，他将这个故事改头换面，改编成为一出上乘的悲剧《麦克白》。

剧本的演出获得了巨大的成功。国王詹姆士一世一直微笑着看完全剧，无疑，他认为自己与剧中的老国王邓肯一样，是具有公平、正直、慷慨、谦逊等品质的理想君王的化身。然而观众们在看完戏之后却开始思考：国家大权到底该交给什么样的人？他们的这位新国王合格吗？

《麦克白》一开场，苏格兰国王邓肯在叛军的进攻之下显得心情烦躁，不久，他手下的大将麦克白和本柯从前线传来的捷报才让他的心稍微宽慰一些。他们首先打败了叛军麦克唐彼得的进攻，然后又挫败了挪威国王阴谋发动的进攻，挪威国王赔款求和。

当麦克白和本柯平定了叛乱，在凯旋途中遇见了三位长相怪诞的女巫。她们穿的衣服不伦不类，而且都长着胡子。麦克白和本柯停住马向她们问路，三个女巫却突然怪模怪样地向麦克白道起喜来，并说了三句预言：

"万福，麦克白！祝福你，格莱密斯爵士！"

"万福，麦克白！祝福你，考特爵士！"

"万福，麦克白！祝福你，未来的国王！"

同时，她们还对本柯说了三个预言：

"比麦克白低微，可你的地位在他之上。"

"不像麦克白那么幸运，可你比他有福。"

"你虽然不是君王，可你的子孙将要君临一国。"

麦克白感到十分惊讶："格莱密斯爵士"是他父亲死后他所得到的称号，女巫怎么会知道的呢？而"考特爵士"的称号，他从来没有得到过；至于"未来的国王"，更令他难以置信，因为现任的国王有两位王子呢！

还没等麦克白明白怎么回事，女巫们就像"大地上的泡沫"一样消失了。

正当两位将军发愣时，国王邓肯派来迎接他们的信使来了。而信使的到来也证实了女巫的第一个预言：为了奖赏麦克白的战功，国王将叛臣考特爵士的头衔封给了麦克白。

女巫的第一个预言实现了，这唤起了麦克白强烈的权力欲，也激发了他内心勃勃的野心。麦克白是国王的表弟，为国家立过很多功劳，在国内地位显赫。邓肯死后，他是有机会嗣位的。

可见过国王后，麦克白的希望一下子就变成了泡影，因为邓肯班师回朝后，宣布大儿子马尔康为储君，册封为肯勃兰亲王，将来继承王位。

失望地回到自己的城堡后，麦克白将女巫的三个预言和第一个预言已经实现的事告诉了妻子。麦克白夫人是个心狠手辣、野心勃勃的女人，比麦克白更有野心。她不断怂恿麦克白夺取权位，这再一次激发了麦克白弑君的野心。

这时，国王邓肯为表示对麦克白的嘉奖，带着两个王子来他的城堡作客。麦克白夫人表面上对国王非常殷勤，但却准备趁这个机会把国王杀了。

晚上，她极力怂恿麦克白去杀掉国王。麦克白十分犹豫，他觉得邓肯国王秉性仁慈，处理国政也从未有过过失。要是杀了他，他生前的美德就会像"天使一般地发出喇叭一样清脆的声音，向世人昭告我的弑君重罪"。

麦克白夫人见丈夫下不了决心，便采用激将法，骂他是懦夫，缺乏一个男子汉应有的勇气。麦克白禁不住妻子的怂恿，终于鼓足勇气，偷偷溜进国王邓肯熟睡的房间，用卫兵的刀将邓肯杀了。

麦克白吓得心惊肉跳，倒是麦克白夫人比较冷静。她把麦克白行凶的刀塞到侍卫的枕头底下，又把鲜血涂在熟睡的士兵身上，然后回到房间里去洗手。

第二天，大臣麦克德夫来叫醒国王，发现国王已被人杀害了。麦克白夫妇装出十分悲痛的样子，而国王的两个侍卫满身是血，神色惊慌地站在一旁，吓得一句话也说不出来。麦克白装出气愤的样子，将两个侍卫杀掉了。两位王子见父亲被杀，自知身陷险境，趁着慌乱逃走了。马尔康王子逃到英格兰，道纳本王子逃往爱尔兰。

国王死了，王子又逃走了，麦克白以血统相近的继承者资格加冕当上了国王。女巫的预言又一次实现了。

（四）

女巫的三个预言已经应验两个了，但麦克白却无法忘记女巫的另一个预言，那就是他的王位不是由自己的子孙而是本柯的子孙来继承。他不能忍受这样的结果，决定把本柯也除掉，用麦克白自己的话来说就是：

"以不义开始的事情，必须用罪恶使它巩固。"

于是，麦克白举办了一次盛大的宴会，把所有的贵族大臣都邀请来参加，自然也要邀了本柯父子。但他却暗地安排刺客埋伏在本柯前来的路上，杀死了本柯。所幸的是，本柯的儿子趁着夜黑月暗逃走了。

杀死本柯后，麦克白难以承受巨大的精神压力，眼前常常出现本柯满身是血的鬼魂，还对他摇着血污的长发。麦克白经常吓得脸色发白，喃喃自语。

麦克白把他所看见的东西告诉了妻子，妻子也惊慌起来。麦克白决定第二天天一亮就去找女巫，询问未来的凶吉。

第二天，麦克白来到女巫的山洞，要她们告诉他未来的祸福。女巫操纵的幽灵说：

"你要特别当心麦克德夫。"

"没有一个妇人所生下的人能够伤害麦克白。"

"麦克白永远不会被打败，除非有一天博南的树林会冲着他向邓西涅的高山移动。"

麦克白一听，终于放下心来，博南的森林怎么可能向高山上移动呢？

最后麦克白又问女巫，本柯的子孙会不会成为苏格兰的国王？女巫们大声高叫，忽然8个穿着国王服装的人影一个个登场，本柯的鬼魂紧跟其后，用手指着他们。

麦克白明白，这些都是本柯的子孙。他仿佛被当头泼了一盆冷水。忽然，女巫和鬼魂一起消失了。

麦克白回到宫廷后，立即派人去抓麦克德夫。但他的命令晚了一步，麦克德夫已经逃到英格兰去了。麦克白盛怒之下，叫人把麦克德夫一家全都杀死，包括还在襁褓中的婴儿。

麦克白的残忍暴行引起了苏格兰臣民极大的不安和反感。贵族们纷纷逃亡，麦克白陷入众叛亲离的境地。

麦克德夫逃到英格兰后，找到马尔康王子，希望他能够讨伐麦克白，拯救暴君统治下的苏格兰。

在麦克德夫和马尔康的对话中，莎士比亚也表达了自己对理想君王的要求和对待暴君的态度。理想的君王应该具有"公平、正直、节俭、坚毅、仁慈、谦恭、宽容、勇敢"的品质，这无疑是人文主义者美好的理想；而那些"嗜杀、骄奢、贪婪、虚伪、欺诈、狂暴、凶残"的暴君，莎士比亚通过麦克德夫之口说道：

"这样的人是不该让他留在人世的。"

马尔康王子和麦克德夫率领的英格兰军队打回苏格兰，军队向麦克白的驻地——邓西涅高地进发。为了隐匿全军人数，马尔康王子命令每一位战士都砍下一根树枝举在面前，然后整个部队缓缓向前移动，看起来就像一片树林在向前移动一样。而使者在向麦克白报告时，也称是博南的树林在向邓西涅高山移动过来。

麦克白得到这个消息后，大惊失色，慌忙应战。最后他遇到了麦克德夫，麦克白轻蔑地对麦克德夫说，凡是妇人生的人都伤害不了他。但麦克德夫告诉麦克白，自己是未足月时从母亲的腹中剖腹取出来的，不是生下来的。

麦克白最后的精神支柱被摧毁了，他一下子失去了作战的勇气，被麦克德夫杀死了。最后，麦克德夫拥立马尔康为苏格兰的国王。

《麦克白》全剧都弥漫着一种可怕的气氛，但主题却非常鲜明：表现野心、贪欲对人性的扼杀；一个有所作为的英雄一旦产生了个人野心，不仅会自我毁灭，还会祸国殃民。

在戏剧的一开始，麦克白是一位驰骋疆场的勇士，一位忠君爱国的将领。但由于女巫的预言和妻子的怂恿，他的权力欲望被诱发出来，最终勃勃的野心让他杀死了邓肯国王，篡夺王位。

为了巩固自己的王权，他又进行了一连串的屠杀。频繁地杀人，也让麦克白的心肠变得越来越硬、越来越狠毒，直至最后变成一个毫无人性的暴君。

需要指出的是，历史上的真实人物麦克白与莎士比亚笔下的麦克白形象不完全一致。历史上的麦克白原是苏格兰贵族的儿子，大约在1404年领导了反对苏格兰国王邓肯的一次叛乱。邓西涅一战，麦克白获胜，成为苏格兰国王。史书记载，麦克白统治时期，苏格兰繁荣安定，麦克白也算得上是一位英明有为的国王。但后来旧王室势力卷土重来，麦克白被杀。

两相对照，莎士比亚取材历史而又不拘泥于历史的创作方法，也体现出他作为一名戏剧家的伟大创造性。

同时，该剧在演出时也获得了巨大的成功，因为詹姆士一世就是本柯的后裔，所以他对戏中所表现出来的君权神授观点自然是大加赞赏。剧中写女巫毒害人，而詹姆士一世就是最痛恨女巫的，因为他的母亲玛丽女王手下的一个女巫曾诅咒过他，他对女巫的惩罚一向都毫不留情。

而剧中对苏格兰和英格兰国王的恭维和赞美，更是让詹姆士一世看戏时的心情舒畅得不得了，所以他一下这就赏给"国王供奉"剧团30英镑。

第十七章　最后的悲剧

不要只因为一次失败，就放弃你原来决心想达到的目的。

——莎士比亚

（一）

1607年，除了两部罗马悲剧《安东尼与克莉奥佩特拉》和《科利奥兰纳斯》上演之外，还上演了莎士比亚悲剧时期的最后一部作品——《雅典的泰门》。

这部悲剧作品取材于古罗马讽刺文学家卢奇安的对话集《泰门或厌世者》和普鲁塔克的《希腊罗马名人传》中的一些情节，以及威廉·佩因特的《娱乐之宫》。可能是由于说教色彩比较浓厚，这部戏剧在当时并不算很流行。但今天看来，这部戏剧却具有相当的历史作用，剧中对友谊、金钱的态度对我们仍有一定的启发。

剧中的主要人物泰门出身豪门，家财万贯，但却性格豪爽、乐善好施，而且广交朋友，将友情看得比金钱重要得多。在雅典城里，无论是普通百姓，还是贵族元老，只要登门拜访，泰门都会盛情款待，临走还要赠以金钱珠宝。对一些有困难的人，他更是倾囊相赠。

泰门有一个名叫文提狄斯的朋友，因欠债无力偿还而被关进监狱。他向泰门求助，泰门立即为他还了债。

还有一次，泰门的一个仆人路西律斯爱上了一位有钱的雅典人的女儿，但姑娘的父亲却坚决不同意这桩婚事。泰门得知后，立即给了仆人一笔与姑娘的嫁妆相等的钱，最终促成了两个人的婚事。

泰门每天都在为他的朋友挥霍着他的财产，尽管有哲学家埃玛曼斯特的警告和管家弗莱维斯的劝诫，但他依然如故。最终，这位既不懂料理家计、又不懂世态炎凉的豪客因自己的过度慷慨而倾家荡产。

这时，债主们纷纷登门向泰门讨债，陷入困境中的泰门只好向那些曾受过他慷慨馈赠的朋友告借，结果却遭到了无情的拒绝。

泰门一向单纯地以为，自己助人就可以得到别人的帮助，而现在冷酷的现实终于让他惊醒。于是突然有一天，泰门又邀请他以前的所有酒肉朋友来家中赴宴。这些朋友虽然心有疑惑，但还是抵挡不住美味佳肴的诱惑，纷纷前来赴宴，并虚伪地找出借口向泰门表示道歉，说他们很乐意借钱给他，只是一时手头比较紧等等。泰门表示自己毫不在意。

开宴后，众人惊讶地发现，原来宴席上的菜肴只有一道：温水。这一场景让宾客们目瞪口呆。

这时，泰门愤怒地说道：

"蒸汽和温水就是你们最好的饮食，这也是泰门宴请你们的最后一次宴会了。他因为被你们的谄媚迷住了心窍，导致一贫如洗。所以，他要把它洗干净，把你们这些恶臭的奸诈仍旧还给你们！"

说完，泰门一边向众人的脸上泼水，一边骂他们是一群"驯良的豺狼，温顺的熊，命运的异人，酒食征逐的朋友，趋炎附势的毒蝇，脱帽屈膝的奴才，水汽一样轻浮的小丑"等等！

（二）

由于看清了人性的丑恶，耻于再与人类为伍，泰门离开雅典，遁迹于森林之中，住在自己挖的洞穴里，每天以树根、野果为食。

一天，泰门在挖树根时偶然掘出一大罐黄金。面对这些金子，泰门不禁感慨万分，倾吐了一段经常被后人、甚至被革命导师马克思所引用的名言：

　　金子！发光的金子！宝贵的金子！黄黄的，只这一点儿，就可以使黑的变成白的，丑的变成美的，错的变成对的，卑贱变成尊贵，老人变成少年，懦夫变成勇士。这黄色的奴隶可以使异教联盟，同宗分裂；可以使受诅咒的人得到祝福，使害着灰白色癞病的人为众人所敬爱；使窃贼得到高爵显位，与元老们分庭抗礼；使黄脸婆的寡妇重做新娘，即使她的尊荣会令身染恶疮的人见了呕吐，只要有了它，就会恢复三春的妖艳。

这时，恰巧一队军人路过这里，头领是雅典的名将艾西巴第斯。他曾因替朋友伸张正义而遭到元老院不公正的放逐。如今，他率兵准备攻打雅典。

于是，泰门就把一些黄金给了艾西巴第斯当做军饷，鼓励他彻底消灭雅典人。这时的泰门，对人类的憎恨和绝望已达到极端的地步。他还给两个放荡的女人一些金子，要求她们去引诱雅典男人。

当忠诚的管家弗莱维斯历经千辛万苦找到泰门，表示愿意无偿地侍奉他时，泰门严厉地拒绝了。他不希望因为这个唯一的善良人而改变他对整个人类的看法。

艾西巴第斯兵压雅典城下，腐败的雅典城邦已无人能够带兵抗击挽救危局了。这时，元老们又想起了英勇善战的泰门。他们让弗莱维斯带路，请泰门出山抗击。泰门坚决拒绝，并诅咒雅典城成为废墟。

艾西巴第斯很快就攻下了雅典城，并准备严惩那些雅典人。他派去寻找泰门，可是泰门此时已葬身于大海岸边。在他的墓前，立着他亲手写的墓志铭：

> 我，泰门，安息于此。我在世时，仇恨一切人类！

　　《雅典的泰门》是莎士比亚戏剧中情节最简单、人物层次最少的一部，但莎士比亚却在其中寄予了深刻的人生哲理。通过泰门前后对人生、对金钱、对世事的态度的强烈反差，莎士比亚抨击了世态炎凉和金钱万能等丑恶的社会现象。而泰门宁愿隐居森林也不愿回到人间，实际也是对金钱的罪恶采取的不妥协态度。他以死亡与那个他所深恶痛绝的肮脏社会相决裂，更是一种对现实最为强烈的抗议。

　　在创作《雅典的泰门》时，莎士比亚在思想认识上已经成熟，对社会也看得更为透彻。他认识到：人文主义理想在现实生活中是不可能实现的。但是，对人类前途始终抱有乐观态度的莎士比亚并没有为此而放弃他的理想，他要用艺术的力量去化解罪恶，用手中的笔去探索战胜罪恶的途径。于是，他开始逐渐转向传奇剧的创作。

→ 　　**德国伟大的诗人歌德将莎士比亚誉为"最美丽山峰上的明星"。1771年10月4日，在法兰克福的莎士比亚命名日纪念会上，歌德在演讲中说道："我初次读到他的著作的第一页，就使我的一生都属于他了；当我读完他的第一个剧本时，我好像是个生来盲目的人，由于神手一指而突然获见天光。"**

第十八章 传奇剧创作时期

> 无数人的失败，都是失败于做事情不彻底，往往做到离成功
> 只差一步就停下来。
>
> ——莎士比亚

（一）

1607年至1608年间的冬天，天气特别寒冷，连四季流淌的泰晤士河都被冰封住了。在这样寒冷的天气里，要想吸引观众到露天剧场来看戏几乎是不可能的，而且演员也难以在冰冷的舞台上施展自己的本领。因此，这个冬季"环球"剧院的生意非常惨淡。

在这期间，库斯伯特·博比奇与他的同事们赎回了黑僧修道院的租赁权，并将它变成一个室内演出场地。

这个剧院始建于1596年，由詹姆斯·博比奇改建。但由于该地区富有的清教徒居民反对，剧院不能用于商业剧团演出。在该地区伦敦城的西南面，原有庞大的黑僧修道院在解散天主教会时被拆除。老博比奇就购买下原修道院的膳堂，改建为全部有屋顶的剧院，本以为该地既在伦敦市长管辖之外，是能够自由用于演出的，但居民仍然强烈反对，无奈这里只好一直闲置。

后来在1600年时，理查德·博比奇同"国王教堂童伶剧团"的经理亨利·埃文斯签订合同，将黑僧剧院租给后者，租期为21年。这个私家剧团

是由唱诗班和训练学校的部分男童组成，在租下黑僧剧院后，他们就在这里演出。

1608年，库斯伯特·博比奇将黑僧剧院收回。这样一来，"国王供奉"剧团就有了两个演出场地——露天的"环球"剧场和室内剧场"黑僧"剧院。博比奇与莎士比亚的剧团在伦敦戏剧舞台上是相当成功的，因此包括莎士比亚在内的所有股东收入都十分丰厚。

与"环球"剧场相比较，"黑僧"剧院的舞台设备比较齐全。以照明为例来说，剧院内有挂在墙架上的火把、灯笼，有插在烛台上的蜡烛，还有沿舞台周边安放的脚灯等。在这种条件之下，就可以营造出一个富有神秘色彩和充满浪漫情调的环境。而这也为莎士比亚晚期创作演出传奇剧提供了必要的条件。

"黑僧"剧院的演出一般会选在晚上，使用蜡烛来照明，因此它的票价要比露天剧场贵得多，能够在这里看戏的大多是有产者和上层社会的成员。他们的观赏趣味当然与"环球"剧场的平民观众不同，这也影响了莎士比亚晚期戏剧的创作风格。

莎士比亚的创作晚期被称为传奇剧时期，他开始转向传奇剧的创作。这种转变既与当时的戏剧时尚有关，也是他自身创作思想发展的结果。

从喜剧时期的快乐情绪到悲剧时期的沉重情绪，再到传奇剧时期的快乐情绪，莎士比亚创作时期的思想发展可以说是走了一个轮回。但是，这并不是一种简单的重复，而是一种更高级的"复归"，是一个否定之否定的过程。

在开始的喜剧创作时期，莎士比亚的心情是单纯而快乐的。怀着对人文主义理想的坚定信念，莎士比亚在现实中寻找各种实现理想的途径。所以，初期他对理想世界的表现是比较单纯而具体的。

而在传奇剧创作的时期，英国社会现实开始变得日渐黑暗，詹姆斯一世的统治也日渐趋向于反动。这样一来，实现人文主义理想的任何途径都在残酷的现实面前被否定了。在现实的世界中找不到出路，莎士比亚只有借助传奇戏剧的形式，将自己的人文主义希望寄托于乌托邦式的理想世界。因此，此时他的戏剧对理想世界的表现是朦胧的，甚至带有一定的空想色彩。

（二）

在创作晚期，莎士比亚共创作了四部传奇剧，分别为：《泰尔亲王配力克里斯》、《辛白林》、《冬天的故事》和《暴风雨》。

在四部传奇剧中，《泰尔亲王配力克里斯》充满了浪漫的色彩。其故事的内容是：

主人公泰尔亲王配力克里斯在向安提奥克斯国王的女儿求婚时，无意中发现他们父女乱伦的隐私。这位亲王因为害怕遭到报复而逃亡到国外，一路逃到希腊的潘塔波里斯。在这里，他正赶上公主泰莎比武招亲，便凭借高超的武艺一举夺魁，与公主泰莎结为夫妻。

而安提奥克斯父女的行为引起天怒，被天火烧死。臣民们纷纷要求配力克里斯回国执政，于是配力克里斯带着即将分娩的妻子泰莎踏上归途。

在海上，配力克里斯一行遭遇暴风雨。危难之际，泰莎夫人生下一个女儿后便昏迷不醒。人们都以为泰莎已经死了，在船员的坚持下，配力克里斯不得不按照船上的迷信做法将泰莎放入木箱后投入海中。

装着泰莎的木箱随波漂流，一直漂到以弗所，被当地的一位名医所救。后来，她成为狄安娜神庙的女祭司。

船上的配力克里斯担心刚刚出生的婴儿支持不到回家的日子，便转道塔萨斯，将女儿玛丽娜交给总督克里翁和他的妻子狄奥妮莎抚养。

玛丽娜长大后，不仅十分美丽，还才华横溢。狄奥妮莎出于嫉妒，便想害死这个养女。没想到的是，玛丽娜被一伙强盗抢走，还被卖到米提林的一家妓院中。在妓院里，玛丽娜依靠智慧和品德才艺保持了自己的贞洁，同时也赢得了米提林总督拉西马卡斯的爱慕。

不久，配力克里斯便来塔萨斯寻找女儿，狄奥妮莎谎称玛丽娜已死。配力克里斯悲痛欲绝，他的船在归途中也迷失了方向，漂流到米提林港。

提米林总督拉西马卡斯救下了配力克里斯。他见配力克里斯因思念女儿忧伤过度，便推荐美丽的玛丽娜前去照看他。配力克里斯一见到玛丽娜，立刻就认出她是自己的女儿，神智也清醒过来。

这时，狄安娜女神又给他神谕，让配力克里斯在以弗所找到了失散多年的妻子泰莎。一家人在经历种种磨难之后，终于团圆，过上了美满幸福的生活。而克里翁夫妇的谋杀罪行暴露后，被愤怒的民众烧死了。

这部作品是莎士比亚在一个别人改编得不太好的剧本上进行的部分润色，可能由于时间紧迫，所以很多地方看起来不像是莎士比亚的手笔，但情节结构却是莎士比亚晚年创作传奇剧时经常用的。它的主题十分清楚，那就是善有善报、恶有恶报。

不过，由于善恶的结局不是依靠现实社会中人的力量，而是借助于超现实的神力，这显然也表明此时莎士比亚改变现实的信心已经发生了严重的动摇。

（三）

传奇剧《辛白林》的剧情比较复杂，它是以霍林西德的《英格兰、苏格兰与爱尔兰编年史》中的记载为基本框架的，还有一部分情节选自于薄伽匠的《十日谈》及不少其他的童话因素。

这个故事讲述的是古代不列颠国王辛白林与三个孩子之间的故事。因遭受诬告被昏庸的国王辛白林放逐的贵族培拉律斯为了报复国王，将国王的两个还在襁褓中的儿子吉德律斯和阿维拉古斯偷走，并在威尔士山将他们养大成人，教导他们蔑视权力和金钱主宰的浮华世界。

儿子被偷走后，辛白林国王的女儿伊莫琴成为王位的唯一继承人。伊莫琴自幼丧母，辛白林国王后来又娶了一位妻子。后母担心王位被伊莫琴继承，便想让伊莫琴嫁给自己与前夫所生的傻儿子克洛顿，以谋取王位。

但是，伊莫琴却爱上了"有才的贫士"波塞摩斯，并与他偷偷成婚。王后知道后，恼羞成怒，怂恿辛白林幽禁了伊莫琴，并放逐了波塞摩斯。

波塞摩斯流亡到罗马，为颂扬妻子伊莫琴的忠贞，与一位名叫阿埃基摩的风流绅士打赌。阿埃基摩称，只要波塞摩斯愿意把伊莫琴所送的戒指送给他，他就能够骗得伊莫琴的贞操。但波塞摩斯表示他坚信自己妻子的品行。

阿埃基摩前往不列颠向伊莫琴求爱，遭到伊莫琴的严词拒绝。他又偷偷潜入伊莫琴的房间，偷走了波塞摩斯送给伊莫琴的手镯。

当波塞摩斯看到阿埃基摩手中拿着伊莫琴的手镯时，便误以为伊莫琴真的失去了贞操，狂怒之下，他写信给自己在不列颠的男仆比萨尼奥，让他杀掉伊莫琴。

比萨尼奥不忍下手，便帮助伊莫琴化装成一个名叫费泰尔的男孩逃出王宫。在威尔士，伊莫琴得到了两个并不相识的哥哥的庇护。

伊莫琴逃走后，王宫一片混乱，克洛顿威逼比萨尼奥说出了伊莫琴的下落，并穿上波塞摩斯的旧衣服去追赶伊莫琴。途中，克洛顿与培拉律斯相遇。他口出狂言，激怒了培拉律斯，结果被砍下头颅，头颅也被溪水冲走了。

伊莫琴因劳累过度而病倒，误服了王后配制的药而昏迷不醒。两个哥哥都以为她死了，伤心地把她葬在母亲的墓旁。出于怜悯之心，他们还把无头的克洛顿也葬在旁边。

当伊莫琴醒来后，发现穿着波塞摩斯衣服的无头尸体时，不禁放声痛哭，以为波塞摩斯已经死了。

恰在这时，率领罗马军队前来攻打不列颠的路歇斯将军路过这里，看到身着男装的伊莫琴十分可爱，就将她留在罗马军中，作为自己的侍童。

最后，培拉律斯与养子吉德律斯和阿维拉古斯三人投入对罗马人的战斗中，并战败了罗马军队，路歇斯本人也被俘获。而阿埃基摩也说出了自己偷窃伊莫琴手镯的实情，波塞摩斯与伊莫琴重归于好。培拉律斯20年前的冤案也得以昭雪，辛白林又重新得到了三个儿女。他宽恕了波塞摩斯和培拉律斯，赦免了路歇斯等囚犯，与罗马继续和平相处。

这部剧作语言华丽，富有传奇特点，但由于人物描绘稍有造作，故事情节也过分离奇，因此损害了作品的真实性。

从整体上来看，这部剧是莎士比亚幻想的产物。从人文主义出发，作者既批判了社会的丑恶，又体现了仁爱的精神，将时代的极端罪恶与人类的至善至美结合在一起，体现出这一时期剧作家的思想和艺术特色。

（四）

1610年，莎士比亚又创作了一部传奇剧——《冬天的故事》，这个故事取材于罗伯特·格林的长篇小说《潘多斯托：时间的胜利》。

故事讲的是西西里国王里昂提斯邀请自己儿时的好友波西米亚国王波力克希尼斯来宫中作客。王后赫米温妮对客人热情招待，结果竟令国王里昂提斯妒火中烧，怀疑她与波力克希尼斯有暧昧的关系。

疯狂的嫉妒令里昂提斯失去了理智，他命自己的心腹大臣卡密罗去毒死波力克希尼斯。然而，善良的卡密罗不忍伤害无辜的波力克希尼斯，便与波力克希尼斯一起逃离西西里，回到波西米亚。

波力克希尼斯的逃走让里昂提斯更加坚信自己的猜疑。他认为是王后偷偷放走了波力克希尼斯，便下令将王后囚禁起来，又残忍地命大臣安提哥纳斯将王后在狱中所生下的女婴烧死。

大臣们苦苦哀求，里昂提斯才勉强同意将婴儿丢到国境之外的荒野中，任她自生自灭。于是，安提哥纳斯将女婴丢弃到波西米亚海滨一个野兽出没的地方，然而返回的途中他却被熊咬死。所幸的是，女婴被一位牧羊人发现。牧羊人将女婴带回家中，并将她抚养长大，取名为潘迪塔。

里昂提斯的小儿子因为母亲被囚，看不到母亲，最终伤心忧郁而死。里昂提斯逐渐意识到：这是神灵对他的惩罚。他想请求王后的宽恕，但王后的好友、安提哥纳斯的妻子宝丽娜将王后藏在自己家中，并向国王禀告：王后已离开了人世。

16年后，潘迪塔出落成一位美丽的姑娘。波西米亚王子·弗罗利泽在一次打猎时遇到了潘迪塔，两人一见钟情，坠入爱河。

然而，波西米亚国王波力克希尼斯得知后，却坚决反对儿子与一个牧羊女相爱。善良的卡密罗建议弗罗利泽带着潘迪塔到西西里去找里昂提斯。于是，两人就和老牧羊人一起来到西西里岛。

里昂提斯见到弗罗利泽和潘迪塔，不由思念起自己死去的儿子和女儿来。他伤心地诉说了16年前将女儿丢弃的往事。

老牧羊人听罢，就将自己捡拾潘迪塔的情形告诉了里昂提斯，结果证明潘迪塔就是里昂提斯的女儿。

当波力克希尼斯听说牧羊女竟然是西西里公主后，转而赞同王子·弗罗利泽与潘迪塔的婚事。

此时的里昂提斯更加痛悔自己过去所犯的错误，十分想念已经"离世"的妻子。这时，宝丽娜请思念王后的里昂提斯和思念母亲的潘迪塔来家中观看她所珍藏的一尊王后赫米温妮的雕像。

当里昂提斯看到那尊雕像时，他不禁想过去亲吻她。宝丽娜阻止了他，称雕像身上的油彩未干。但她又说，她可以让雕像从石座上自己走下来。

于是，宝丽娜吩咐侍从奏起音乐，雕像果然从石座上徐徐走下，与里昂提斯拥抱。原来，这座雕像就是赫米温妮本人。一家人终于得以团圆，整个王宫沉浸在欢乐之中。

这个故事表面结构显得十分松散，传奇性也超过了真实性，但却蕴含着深刻的寓意，那就是：人一旦失去理智，一意孤行，就必然会给自己和他人造成巨大的伤害。只有真心向善，心胸豁达，才能得到宽恕，获得幸福。

（五）

1609年时，一支满载着英国移民的舰队在百慕大群岛附近遭遇风暴，其中的旗舰触礁。幸运的是，船上没有一人丧生。后来他们被冲到一个孤岛上，忍饥挨饿，生活了近10个月，最后乘坐着用树枝造成的小船返回了文明世界。

根据这一事件，莎士比亚创作了他晚期的最后一部传奇剧作品——《暴风雨》。与《仲夏夜之梦》一样，这部作品也包含了莎士比亚的许多奇思妙想。

对于莎士比亚来说，这部作品在他的戏剧创作中有着十分重要的地位，因为它集中地反映了莎士比亚晚期的人文思想，故而也被称为是莎士比亚的"诗的遗嘱"。不同时代、不同国度的人，都不约而同地喜爱着这部充满梦幻色彩的传奇剧作。

《暴风雨》的故事发生在15世纪的意大利。在一个仙岛上，住着一位名叫普洛斯彼罗的老人和他美丽善良的女儿米兰达。

普洛斯彼罗具有无边的魔法。他施展魔术，在海上兴起暴风雨，致使一条载有那不勒斯王阿隆佐等贵族的船只陷入险境。

眼看船就要触礁了，善良的米兰达恳求父亲：

"请您让风暴平息吧！……啊，那呼叫的声音一直刺入我的心坎。可怜的人们，他们要死了！"

然而普洛斯彼罗安慰着女儿，称"一点儿灾祸都不会发生"。他之所以要用法术使那条船遇难，是因为他的仇人在这条船上。

原来在12年前，普洛斯彼罗是米兰的公爵。由于潜心研究魔法，他便将国家事务委托给他的弟弟安东尼奥管理。但野心勃勃的安东尼奥竟以称臣纳贡为代价，勾结那不勒斯王阿隆佐，将普洛斯彼罗和他的独生女儿米兰达放逐到海上。幸亏一个名叫贡柴罗的贵族给了他们一些食物和清水，他们才没被饿死，最终漂流到这个荒凉的小岛之上。

在这个荒岛上，普洛斯彼罗用魔法解救了被女巫囚禁在松鼠上的精灵爱丽儿，并征服了女巫之子、荒岛上的主人、丑八怪凯列班，成为荒岛的统治者。他将这个荒岛建成了一个理想的王国。

这次，普洛斯彼罗施展魔法，在精灵爱丽儿的帮助之下掀起了一场暴风雨，令他的几个仇人所乘坐的船经过海岛附近时搁浅，并将他的仇人带到荒岛上来。

普洛斯彼罗将那不勒斯王阿隆佐与王子费迪南分别关起来，致使父子二人都认为对方已死。这时，爱丽儿美妙的歌声引起了费迪南的注意，他随着爱丽儿的歌声来到普洛斯彼罗和米兰达的面前，结果费迪南和米兰达两人一见钟情。

不过，普洛斯彼罗担心费迪南太轻易获得米兰达的爱而令他不知道珍视这份爱情，因此他决定故意为难一下费迪南，考验他对米兰达的爱情。

在荒岛的另一边，船上其他贵族正在为大难不死而欣喜若狂。这时，爱丽儿来到这儿，奏起庄严的音乐，除那不勒斯王的弟弟西巴斯辛和普洛斯彼罗的弟弟安东尼奥外，其余人都在音乐中昏睡过去。

内心险恶的安东尼奥煽动西巴斯辛杀掉那不勒斯王阿隆佐和大臣贡柴罗，篡夺那不勒斯王位。正当两人举剑准备下手之际，精灵爱丽儿阻止了他们。

在海岛的又一个地方，愚蠢的凯列班将在船上酗酒的厨子斯丹法诺和弄臣特林鸠罗误认为是天神，想利用他们杀死普洛斯彼罗，重建小岛上的秩序。精灵爱丽儿听到了他的诡计，赶紧去报告普洛斯彼罗。

这时，普洛斯彼罗为考验费迪南，正命令费迪南做着搬运木头的苦活计。由于米兰达纯洁甜蜜爱情的激励，费迪南认为"受得劳苦也是一种愉快"。而在一旁看着费迪南受苦的米兰达却无比心疼，提出要替他搬一会儿木头，但费迪南却深情地说：

"我宁愿毁损我的筋骨，压折我的背膀，也不愿让你干这种工作。"

普洛斯彼罗见费迪南很有诚心，便对费迪南说：

"你所受的一切苦难都不过是我用来试验你的爱情的，而你能异常坚强地忍受它们。这里，我当着天地，许给你这个珍贵的赏赐。"

为了庆祝女儿与费迪南的结合，普洛斯彼罗还用法术招来许多精灵为这对恋人祝福，在他们面前展开了一幅奇特、美丽、迷人的幻景。

这时，凯列班、特林鸠罗和斯丹法诺前来刺杀普洛彼罗斯。普洛彼罗斯用魔法使精灵化成猎犬，追逐撕咬他们，三人落荒而逃。

最终，普洛斯彼罗原谅了阿隆佐和安东尼奥。虽然他们曾经伤害了他，但理性告诉他：

"道德的行动较之仇恨的行动要可贵得多。"

普洛斯彼罗让阿隆佐与他的儿子重逢，并衷心祝福费迪南与米兰达的爱情。

普洛斯彼罗决定以后再也不使用魔法了，他将在爱丽儿的帮助下去那不勒斯参加米兰达和费迪南的婚礼，然后回到米兰，幸福地度过自己的余生。

而精灵爱丽儿也获得了自由，她用动听的歌声歌唱着她那自由美好的生活：

蜂儿吮啜的地方，我也在那儿吮啜；

在一朵莲香花的冠中，我躺着休息；

我安然睡去，当夜枭开始它的呜咽。

骑在蝙蝠背上，我快活地飞舞翩翩，

快活地、快活地追随着逝去的夏天；

快活地、快活地我要如今

向垂在枝头的花底安身。

　　这部作品的结构与莎士比亚的其他剧作不同，尤其是不同于那些按照事件发展顺序展开的传奇剧。它是从结尾开始，让情节行动限制在一个海岛上，并在一天之内完成。

　　在这部剧作中，普洛斯彼罗代表着正义的力量，安东尼奥代表着邪恶的力量，这正是17世纪初英国社会矛盾的写照。莎士比亚用"暴风雨"象征人生，认为人生就是冲突混乱与精神力量的矛盾统一。

　　同时，莎士比亚还借剧中人物之口，描绘了他心中的"理想国"——回归人类原始的自然状态。它产生于莎士比亚创作的晚期，说明在经历过喜剧、悲剧的创作之后，莎士比亚依然在内心中保留着他的人文主义理想，从未放弃对人类社会必然出现理想王国的坚定信念。

　　莎士比亚就是这样，以一部充满了理想美与艺术美的作品结束了自己辉煌灿烂的创作生涯。因此，这部作品也被称为是莎士比亚的"诗的遗嘱"。

第十九章　叶落归根回故土

> 上帝是公平的，掌握命运的人永远站在天平的两端，被命运
> 掌握的人仅仅只明白上帝赐给他命运。
>
> ——莎士比亚

（一）

在《暴风雨》的收场诗中，莎士比亚曾以诗的形式表达了自己回归故土的念头。他写道：

> 现在我已把我的魔法尽行抛弃，
>
> 剩余微弱的力量都属于我自己。

在这首诗中，莎士比亚希望能够回归故里的想法已经流露出来。

1612年，48岁的莎士比亚离开伦敦，回到故乡斯特拉福镇，安享晚年。不过，对于莎士比亚为何此时毅然决然地放弃了他曾为之奋斗20多年的戏剧事业，后人却有诸多猜测。因为这时的莎士比亚虽然年近半百，但却并非"江郎才尽"。

从整个创作历程来看，莎士比亚是个颇有创造才智的天才作家，而且后期创作的剧本也没有丝毫的迹象表明他已经到了才思日蹙的境地。相反，他依然善于找到灵感的新源泉，而且常常一挥而就。在这种情况下，

莎士比亚为何过早地封笔了呢?

19世纪英国批评家爱德华·道顿认为，莎士比亚在48岁时已经名利双收，他无需再过得那么辛苦劳累了；他已经有条件回到幽静的斯特拉福镇颐养天年，享受一生努力创造的劳动果实了。

丹麦批评家格奥尔·格伯兰提斯也持同样的观点，同时他还认为，莎士比亚退隐不仅仅是身体上感到疲倦，还有一种心灵深处无法言表的失望。

对于这一点，英国作家立顿斯特·里奇进行了大量考证，发现晚期的莎士比亚对人世间的喧嚣与躁动感到十分厌倦。而莎士比亚感到最不满意的就是他的职业条件，他必须迎合观众们任性的趣味，他的剧本在剧场上演时总是会被歪曲或删改，同时将他作为作者最珍视的那些内容删掉。

由此可见，莎士比亚毅然退出剧坛的原因，在于他后期的创作思想比较低调。此时的莎士比亚受自己和社会的各种影响，情绪比较低沉。他曾在《麦克白》中说道：

"人生不过是一个行走的影子，一个在舞台上指手画脚的拙劣的伶人。登场片刻，便要在无声无息中悄然退下。"

而在《暴风雨》中，也出现过类似的句子：

"人生来自无生，复归于寂灭；与永恒相比，不过是一个短暂的瞬间。"

可见，后期的这些戏剧创作已经将莎士比亚的思想显露无遗。

另外，此时剧团中也出现了一批后起之秀。1609年，莎士比亚所在的"国王供奉"剧团聘来了两位新人——博蒙特与弗莱奇。这两个人的戏剧创作风格与莎士比亚完全不同。

当时的上层社会都喜欢色彩绚烂、供人消遣的戏剧，故而剧作家们就要创作出适合观众口味的戏剧来。而莎士比亚的戏剧过于沉重，追求高尚的东西也已过时，所以博蒙特和弗伦奇两人追求华美辞章的外表和形式便逐渐代替了莎士比亚那些富有哲理的、朴实的戏剧内容和语言。这些，也可能成为促使莎士比亚最终离开剧团、回到故乡的原因。

（二）

1612年，莎士比亚与弗伦奇合写了一部戏剧——《卡迪尼奥》，取材于西班牙作家塞万提斯创作的《堂吉诃德》。该戏在排练好后，便被邀请在宫廷大典中演出。后来，弗伦奇又得到机会与莎士比亚合写了历史剧《亨利八世》。

1613年6月29日，"国王供奉"剧团在环球剧院开始首演《亨利八世》，戏名被改为《一切皆为事实》。然而，这一天也成为令莎士比亚与"国王供奉"剧团刻骨铭心的一天。

由于这出戏演的是宫廷之事，舞台布置得十分华美，甚至连舞台上都铺满了草席，仿佛要营造出一种豪华地毯的感觉。剧中的爵爷们都佩戴着乔治和嘉德勋章，连卫兵都穿上绣花的上衣。

当戏演到第一幕的最后一场，亨利国王驾临红衣主教府邸时，人们要鸣炮致敬，结果点火炮的火绳将剧场地面上的草席点燃了。但当时大家都专注于演出，根本没人在意火苗的出现。

没想到的是，火势迅速蔓延，剧院的回廊很快就在大火中纷纷倒塌。大火瞬间便吞没了剧院，观众吓得四处逃命，剧场里乱成一团……

不到一个小时，环球剧院就被烧毁了，幸好没有人员伤亡。但是，这场大火却令剧团损失惨重，除了修建成本付诸东流、演员衣服和行头遭毁之外，莎士比亚的剧本手稿也在道具箱中化为灰烬。

火灾发生时，莎士比亚并不在剧场。当博比奇派人跑来告诉他剧院着火的消息后，莎士比亚简直不敢相信自己的耳朵。他慌忙跑到环球剧院，结果眼前的一切让他瞬间陷入绝望之中……

想到自己与博比奇等人为修建剧院所花费的心血，想到自己创作的多部剧本在这里上演时座无虚席的盛况，莎士比亚满眼荒凉。此情此景，莎士比亚的脑海中只想到了两个字：幻灭。

环球剧院的大火令莎士比亚最终真正抛开了喧闹的伦敦和繁忙的剧团生活。因此在1613年之后，他将剧团中的股份转给别人，并处理了他在伦敦的一切财产和财务方面的事情，此后悄然退隐，回到故乡斯特拉福镇。

然而，回到故土的莎士比亚并没有真正享受到天伦之乐。此时，他的膝下只有一个外孙女伊丽莎白，这不能不说是莎士比亚人生的一大遗憾。

最令他痛心的是，他的两个兄弟也先后离他而去。先是他的大弟弟吉尔伯特于1612年2月3日下葬，紧接着是1613年2月4日他的小弟弟理查德也去世了。而且，他们都没有留下任何后代。这样，莎士比亚就成为家族中唯一的男性，他一生都为家族中没有男性后嗣而感到苦恼。

尽管《莎士比亚传》（1709年）的作者罗伊在书中说莎士比亚的晚年是在"富足、清静和与朋友聊天"中度过的，但其实他的暮年生活并非平安无事。虽然摆脱了繁忙的戏剧工作，可生活上的琐事还在不断纠缠着他。

莎士比亚的一生都十分看重名誉，可他的大女儿苏珊娜却偏偏被人诽谤为一个行为不检点的女人，这是令莎士比亚无法容忍的。

散布谣言的人是一个名叫约翰·莱恩的无赖，他逢人便信口说苏珊娜与当地的一个小商人有苟且之事，这严重地伤害了莎士比亚与苏珊娜的自尊。在父亲的鼓励之下，苏珊娜于1613年7月15日向当地的一个教会法庭提出诉讼，控告约翰·莱恩对她的无端诋毁。

最后，宗教法庭以玷污良家妇女名声的罪名将约翰·莱恩开除教籍，苏珊娜终于通过自己的努力恢复了名誉，捍卫了自己与家族的尊严。这或许应该归功于她的父亲莎士比亚的一句名言：

"你的恫吓并不可怕，因为我的诚实为我防御得非常坚强。"

作为一名有声望的绅士，回到故乡的莎士比亚也开始积极参与到当地的重要活动中去。1614年夏天，斯特拉福镇遭受了严重的火灾，50多家民房被烧毁。所幸的是，莎士比亚的"新居"作为当地最好的房子而幸免于难。

面对火灾带来的严重损失，市政厅采取了一系列的措施，以帮助受灾的百姓重建家园。莎士比亚也热心地四处奔波，筹集钱款，尽其所能地帮助乡亲们。

这一年，莎士比亚还凭借自己的威望帮助调解了一起与圈地有关的争执。当时，斯特拉福镇最富有的家族之一——康勃家族企图将镇上的一块公地据为己有，遭到斯特拉福镇居民的反对，双方因此而发生争讼。

莎士比亚知道这件事后，从中做了不少调解工作。最后，政府下令禁止圈地，市民们取得了胜利。

（三）

晚年一直陪伴在莎士比亚身边的是他的妻子哈瑟威，还有两个女儿和一个外孙女。然而大女儿苏珊娜受损一事平息没多久，小女儿朱迪丝又出了状况。

1616年2月，朱迪丝突然宣布要结婚，她的未婚夫是一个酒店的老板，名叫托马斯·奎尼。当时朱迪丝31岁，而新郎奎尼只有27岁。

2月10日，朱迪丝与奎尼在教堂举行了婚礼。不过，莎士比亚对小女儿的婚姻却十分不满，因为托马斯·奎尼是个浪荡子，他愿意与朱迪丝结婚，可能只考虑到莎士比亚家境的殷实，根本不是真心爱朱迪丝。

果然不久，莎士比亚的判断应验了。婚礼刚刚过去一个月，一桩丑事就出现了：托马斯·奎尼因为行为放荡，诱奸了一个名叫玛格丽特·惠勒的女子，并让她怀了身孕，但生产时母子两人双双死去。为此，托马斯也被推上法庭，还被判了刑。

这件事让莎士比亚非常气愤，甚至觉得颜面全无。从此后，朱迪丝也彻底失去了父亲的欢心，这一点在莎士比亚的遗嘱中便很明显地表现出来。

1616年1月，即逝世前的两个月，莎士比亚便拟好了遗嘱。然而因为朱迪丝的婚姻，莎士比亚对遗嘱又进行了重大修改。

为家务事所烦恼，也让莎士比亚的身体日渐衰弱。1616年3月，莎士比亚以愉悦的心情在家中接待了老朋友德雷顿和本·琼生。这也是莎士比亚生前最后一次与伦敦的朋友们会晤。

不过，本·琼生却给莎士比亚带来了一个不幸的消息：他们的朋友、年仅37岁的波蒙突然去世了。这件事引起了莎士比亚对人生易逝的感慨，不由得便多喝了几杯，不料竟因此而患上了热病。

大女婿霍尔是个医生，对岳丈进行了精心治疗，但莎士比亚的病情始终不见好转。这令莎士比亚仿佛预感到了死神的迫近，他开始认真考虑起自己的遗嘱问题。

3月25日，莎士比亚用颤抖的手在自己修改好的遗嘱上签了名。这份遗嘱的内容十分详细，由此可见莎士比亚做事的细心周到，从亲属到朋友，甚至同事，他都作了详细的安排，很少有疏漏的人。

无论过去还是现在，莎士比亚的这份遗嘱都给他的传记作者们留下了深刻的印象。在遗嘱中，莎士比亚写明：将自己的大部分财产留给大女儿苏珊娜，留给小女儿朱迪丝300英镑和一只银质镀金的高脚酒杯，留给他的妹妹琼恩20英镑和全部衣物以及亨利街房子的永久居住权，留给当年伦敦剧团的3位伙伴每人26先令8便士。

此外，他还给斯特拉福镇的好友及当地的穷苦人都留下了多少不一的遗赠。但对他的妻子哈瑟威，他却只留下一张"次好的床"。

对于给妻子留下的这份"财产"，后来有许多不同的猜测，而最常见的解释就是：

首先，当时英国的法律有明文规定，妻子有权获得丈夫三分之一的遗产，因此不用再在遗嘱上注明。

其次，按照当时英国的风俗，"最好的床"是用来招待贵客的，而"次好的床"才是夫妇使用的。因此，它正是表明夫妻深情的遗物。

（四）

1616年4月23日，伟大的戏剧家、诗人威廉·莎士比亚溘然长世。在遗嘱中，他写道：

"我希望并坚定地相信，我的灵魂将成为永恒生命的一部分。"

事实也证明了他的话：他的艺术与世长存。

莎士比亚去世的这天，正好是他的52岁生日。这一切仿佛是一个巧合，上帝将这个天才赐给人间整整52年，一天都不允许他多停留。

4月25日，莎士比亚的遗骸被安葬在斯特拉福镇的圣三一教堂。一张半身的纪念像镌在墙上，墓碑上的碑文是这样写的：

好朋友，看在耶稣的份上，

不要挖掘这里的墓葬。

容此碑石者老天保佑，

移我骸骨者必受诅咒。

7年之后，他的妻子安·哈瑟威被埋葬在他身旁。后来，他的大女儿苏珊娜及其丈夫霍尔也葬在他的坟墓附近。

在莎士比亚去世7年后，1627年，当年与他在舞台上一起演戏的同伴海明与康德尔编辑出版了他的戏剧集——《威廉·莎士比亚先生的喜剧、历史剧和悲剧。根据准确的、真正的文本刊印》。

由于当时的剧团都不肯印行它们演出的剧本，因此，莎士比亚创作的这些剧本在他生前只有一半印行过。如果没有这两个人的努力，《驯悍记》、《皆大欢喜》、《第十二夜》、《麦克白》等36个剧本将无缘与后人相见，那将是多么巨大的遗憾和损失啊！

这部作品集被称为第一对开本。根据当时的风尚，"第一对开本"的卷首应有献辞和称颂作者的诗作。在众多的颂诗当中，最为著名的是本·琼生所创作的题名为《题威廉·莎士比亚先生的遗著，纪念吾敬爱的作者》的诗篇。这首诗对莎士比亚的整个创作人生做出了极高的评价，并对莎士比亚在世界文化中所占据的地位做出了预言家式的预言。

这首诗写道：

　　你是坟墓以外的一个纪念碑，你仍然活着，只要你的书还在，只要我会读书，就会说出赞词。

　　自豪吧，我的不列颠，你拿得出一个人，欧洲所有的剧坛都会向他致敬。他不只属于一个时代，而是属于所有的世纪！

第二十章　不朽的莎士比亚

　　没有比较，就显不出长处；没有欣赏的人，乌鸦的歌声也就和云雀一样。要是夜莺在白天杂在聒噪里歌唱，人家决不以为它比鹪鹩唱得更美。多少事情因为逢到有利的环境，才能达到尽善的境界，博得一声恰当的赞赏。

——莎士比亚

（一）

　　莎士比亚去世后不久，生前一直对他颇有微词的本·琼生说出了一句由衷之言：

　　"他不属于一个时代，而是属于所有的世纪。"

　　这句话可以说定下了对莎士比亚评价的基调。

　　莎士比亚是英国的殊荣，英国在政治上有克伦威尔，在哲学上有培根，在科学上有牛顿，这是三位崇高的天才。但是，克伦威尔性格残暴，培根的风格比较低下，而牛顿的理论现在也开始出现动摇。与他们相比，莎士比亚显得很纯净，且不可动摇。

　　况且，作为天才，莎士比亚之上没有任何人。在一片国土上，载有这样的人物真是一种特殊的荣誉。

　　1632年，第二部《莎士比亚戏剧集》出版，其中附有一封未署名的诗，给予了莎士比亚热情洋溢的赞美：

这个平民的儿子高踞在他的宝座上，创造了整整一个世界，并管理着它；他用一种秘密的动力激励着人类，时而激起我们揪心的怜悯，时而又激起我们强烈的爱；他能控制我们的喜怒哀乐；他用圣火熔炼我们，使我们脱胎换骨。

由此可见，莎士比亚在他的那个时代已经享有极高的盛誉了。

《失乐园》的作者、17世纪伟大的英国诗人约翰·弥尔顿一生都对莎士比亚推崇备至。他是这样赞誉莎士比亚的：

他是凌空而起的金字塔。难道能赋予他更为雄伟的景观吗？莎士比亚不需要这样的纪念碑。你备受我们尊敬，我们的喜悦和赞美，你可用以建立起一座牢不可破的纪念碑。

到了18世纪，莎士比亚作为本国第一流作家的地位在英国已经牢牢地确立了，并赢得了世界性的声誉。

当时，英国最伟大的演员大卫·加利克让莎士比亚的戏剧名扬海内外，各种版本的莎士比亚戏剧竞相出版，同时最早的一批莎士比亚研究者也开始出现。

在那时，古典主义者都推崇"三一律"，也就是要求一出戏剧所叙述的故事应发生在一天之内，地点在一个场景中，情节也要服从于一个主题。这些古典主义者虽然对莎士比亚不遵照"三一律"来创作感到有些不满，但仍忍不住要赞美莎士比亚：

"他有一颗通天之心，能够了解一切人物和激情。"

法国启蒙主义作家伏尔泰在戏剧上尤其推崇古典主义，因此他在《塞米拉米斯》一文中称莎士比亚是个"喝醉了酒的野蛮人"。但同时，他又不得不承认：

"除了稀奇古怪的东西之外，他还有一种无愧为最伟大的天才的崇高的思想。"

德国"狂飙突进"的领袖人物赫尔德更是给予了莎士比亚极高的评价。他说：

> 如果说，有一个人让我的心中浮现出这样一个庄严的场面：高高地坐在一块岩石的顶上，他的脚下风暴雷雨交加，大海也在咆哮，但他的头颅却被明朗的天空照耀着，那么，莎士比亚就是这样的。
>
> ——只是还应该补充一点，在他的岩石宝座的最下面，有一大堆人在喃喃细语，他们解释他、拯救他、判他的罪名、为他辩护、崇拜他、污蔑他、翻译他、诽谤他，而他对他们的话却一点都听不见！

因此，赫尔德极力倡导德国戏剧应该以莎士比亚为榜样，为德国观众创造出具有民族特色的、符合新兴市民阶级利益和趣味的作品。

伟大的诗人歌德认为"莎士比亚是无限的"，"他的作品风格包含的精神方面的真实性，要远远超过人类能看得见的行动"。因此，他是"最美丽山峰上的明星"。

1771年10月4日，在法兰克福召开的莎士比亚命名日纪念会上，歌德在演讲中说道：

> 我初次读到他的著作的第一页后，我的一生便都属于他了；当我读完他的第一个剧本时，我好像是个生来盲目的人，由于神手一指而突然获见天光。

到了19世纪，浪漫主义压倒了古典主义，莎士比亚作品的生动性和丰富性也被不断地揭示和获得肯定；而现实主义则更看重他的作品划时代的思想内涵。

法国伟大的浪漫主义作家雨果称颂莎士比亚是"诗人、历史学家和哲学家三位一体"，称他的戏剧具有"美为真服务"的价值。

德国著名抒情诗人海涅认为莎士比亚是"英格兰的一个精神上的太阳"。

普希金则称赞莎士比亚表现了"人和人民，人的命运，人民的命运"。

杜勃罗留波夫则指出，莎士比亚的"文学活动将共同的认识推进了好几个阶段，在他之前没有一个人能够达到这个阶段"，因而认为莎士比亚是当时"人类认识最高阶段最充分的代表，……拥有全世界的意义"。

到了20世纪，莎士比亚在国际文化领域中的地位和影响更加突出。此时，莎士比亚的戏剧演出、影视改编等，将他的荣光再一次推向一个高峰。1955年，在斯特拉福举行的"莎士比亚戏剧节"上，莎士比亚的戏剧整整上演了33周，观众多达370余万人。

事实上，莎士比亚的戏剧早就被以多种多样的艺术形式演绎着。从18世纪起，各国的著名音乐大师，如贝多芬、李斯特、柏辽兹、门德尔松、舒伯特、柴可夫斯基等，都纷纷以莎士比亚的戏剧为题材创作出了大量的歌剧、舞剧、幻想曲等不同形式的音乐作品。

有人曾做过统计，在1900年至1985年之间，根据莎士比亚的戏剧改编的无声影片大约有85部，有声影片大约有65部，电视作品有112部，参加制作播出的国家有17个。仅仅《罗密欧与朱丽叶》就曾被19次拍成电影；《哈姆莱特》也多达17次被拍成电影。

（二）

莎士比亚还是马克思和恩格斯最喜欢的作家之一。马克思认为，莎士比亚是"人类最伟大的戏剧天才"。拉法格在《回忆马克思》一文中写道：

> "他特别喜爱莎士比亚，曾经专门研究过他的著作，连莎士比亚戏剧中最不起眼的人物他都十分熟悉。马克思一家对伟大的英国剧作家具有一种真诚的信仰。"

恩格斯也十分推崇莎士比亚的作品。他曾说：

> "莎士比亚的作品是建立在广泛的生活基础上的，因此他笔下产生的每一样东西都使我们感到真实可信。曾经有人暗示过，他并不属于被称作'浪漫主义'的现代诗人的范畴，而属于'自然主义'的流派，因为他的作品充满了现代的真实。除了他最高亢的时候，很少触及未遂愿望而引起的激情。"

马克思和恩格斯都指出了莎士比亚作品的生动性和丰富性，并且这也成为"马列主义文艺理论"课上的一个重要话题，甚至已经成为整个新中国文学理论与批评中的一个重要话题。

那么，现代人要怎样理解莎士比亚作品的生动性和丰富性呢？

首先，莎士比亚戏剧的情节生动丰富。莎士比亚可以称得上是"设置情节的大师"，他的戏剧中通常都有两条或者多条线索平行发展或交错进行。比如：《威尼斯商人》和《哈姆莱特》中就有三条线索；《李尔王》中有两条线索。这样一来，就令戏剧中的矛盾冲突变得复杂而丰富，剧情也显得一波三折。

其次，莎士比亚戏剧的语言具有一定的生动丰富性。我们日常生活中使用的词汇大约有3000~5000个，而据统计，莎士比亚戏剧中的词汇量达17万之多；并且，每个词的背后都存在着许多现实的东西，如概念、观念、形象、行动、感触等。

同时，莎士比亚对语言的驾驭能力游刃有余，其戏剧中的语言总是随着人物的不同而千变万化：上流社会的语言雍容典雅，市井俚语活泼有趣；既有深奥的哲理性独白，又有尖刻的俏皮话。莎士比亚十分巧妙地将文学语言与民间俚语结合起来，获得了巨大的艺术成功。

第三，莎士比亚的戏剧中创作了许多性格复杂、个性鲜明的人物形象，如哈姆莱特、奥赛罗、李尔王、罗密欧、朱丽叶、麦克白、伊阿古、泰门等，这些都是文学爱好者耳熟能详的名字。

据统计，莎士比亚的戏剧中描写了近700个人物，其中在世界文学人物长廊中占有一席之地的形象多达一二十个。而且，莎剧中的人物还包罗了社会各个阶层、各个类型的人，无论是主角还是配角，也无论是正角还是反角，都各具特色，内心世界丰富多样。

可以说，莎士比亚在塑造人物时做到了个性化与多重性的相结合，且许多人物的性格还处于发展变化之中。这些也恰恰是莎士比亚贴近平民生活，又始终立足生活、深刻观察人性特点的结果。

古典小说和戏剧有一个很大的不足，就是人物的类型化，即千人一面，性格静止而单一。到了18世纪时，德国戏剧家、戏剧理论家莱辛在反对古典主义方面提出了一个要求，就是戏剧应该塑造"有人气的英雄"。19世纪浪漫主义文学家更是提倡外以想象展开、内以心理扩张，以使文学成为人们精神自由的天空和无限丰富的意义世界。而莎士比亚却在古典主义之前便实现了此后的这一文学要求。

（三）

在世界诗人当中，莎士比亚也享有崇高的地位。在他的抒情诗中，不论是《维洛那二绅士》，还是《暴风雨》，要想欣赏十四行诗，我们尽可以从他的140多首诗中任意挑选：

> 我怎么能够把你来比作夏天？
> 你不独比它可爱，也比它温婉；
> 狂风把五月宠爱的嫩蕊作践，
> 夏天出赁的期限又未免太短。

或者：

> 当我看见参天的树木枝叶尽脱；
> 不久前它还萌蔽过喘息的牛羊；
> 夏天的青翠啊，一束一束地就缚，
> 带着坚挺的白须被抬上了殓床；
> 于是，我不禁也为你的朱颜焦虑，
> 终有一天你会加入时光的废墟。

还有一些高贵的诗行，也是早期抒情戏剧的素材，如：

> 这是云雀，报晓的使者，不是夜莺；
> 瞧，我的爱，不作美的晨曦
> 已经在东边的云朵上镶起了金线；
> 夜晚的烛光已经烧尽，愉快的白昼
> 蹑足踏上了迷雾的山巅。

在莎士比亚后期的传奇剧作中，他又回到了一种类似的、然而更加细微的黄金一般的抒情调子中：

> 在燕子尚未归来之前就已经大胆开放，
> 风姿招展地迎着三月和风的水仙花；
> 比朱诺的眼睑，或者希赛利亚的气息
> 更为甜美的暗色的紫罗兰。

此外，莎士比亚还是个双重的创造者，不仅创造了诗，还创造了人，且所有剧中诗中的人物全部都是由台词构成的。而最奇妙的是这些台词本身，那些人物口吐的诗句本身都是生气勃勃的，因为这些人物本身就是诗。

比如，这首诗是朱丽叶：

> 来吧，柔和的黑夜；
> 来吧，可爱的黑夜，
> 把我的罗密欧给我；
> 等他死了以后，
> 你再把他带去，
> 把他碎成多少粒小小的星星，
> 他会使天空这样的美丽，
> 使得全世界都爱恋黑夜。

这首诗是哈姆莱特：

> 啊，好霍拉旭，真相大白之前
> 我身后的名声要受多大伤害！
> 如果你心坎里真有我，

且慢去寻求欢乐，
在这个冷酷的世界上忍痛吐口气
讲述我的事情吧。

这首诗是克莉奥佩特拉：

啊，瞧，我的姑娘们，
大地消失它的冠冕了。
我的主！
啊，战士的花圈枯萎了，
军人的大树摧倒了；
剩下在这世上的，
现在只有一群无知的儿女；
杰出的英雄已经不在人间，
月光照射之下，
再也没有值得注目的人物了。
……

（四）

　　莎士比亚很富有幽默感，他总是带着极大的同情心看待人生和人的喜怒哀乐，以及各种遭遇。他时常通过自己所塑造的人物之口来批评社会现状，但他却不尖酸刻薄，而总是通过使人发笑的方法，让人看到自己的缺点和错误。

　　莎士比亚是一位被人引用最多的作家，他有最多的警句可供人们引用。事实上，英国人在谈话或写作时都会自觉不自觉地重复莎士比亚的名言。

曾有这样一个小故事：一个英国的小孩被父母带到剧院去看一出莎士比亚的戏剧。开始时他看得很起劲，但散戏后他的父母问他这出戏好不好看，他说不好。父母问他哪里不好？他回答说：

"莎士比亚的话都是别人常说的，一点都不新鲜！"

由此可见莎士比亚在人们中的影响之普遍。

莎士比亚不愧为一位出类拔萃的戏剧家和诗人，一位眼光独特敏锐的观察家。他很善于抓住他那个时代中人们所具备的精神，创造出了几十本在很长历史时期内都光辉不减的作品。有人称他为"造物主"，他的确无愧于这一称号。

有人还评价称，莎士比亚"客观地将世界设想为舞台，将他的舞台设想为世界，将他的微观世界布满了在规模上和深度上都无与伦比的洋洋洒洒的人物，将环球剧院的舞台和人生舞台大致等同起来了"。

不过，与所有伟大的作品一样，莎士比亚的作品也是他那个时代的产物，因而也带有一定的时代局限性。英国的文艺复兴是在新兴资产阶级和封建贵族大致旗鼓相当时期达到最高发展的，因此这两个阶级也是相互对立的，都是剥削阶级，资产阶级不可能与封建统治阶级在思想上彻底决裂。所以，英国的文艺复兴也包含有不少封建主义的东西，同时又有许多与之相对立的观点。

这种阶级的双重性在莎士比亚的作品中也有所反映，他没有、也不可能完全摆脱时代加在他身上的局限。

比如在《驯悍记》中，莎士比亚所阐述的观点就是：丈夫是妻子的"老爷，生命，养育人，你的头，你的主宰，关怀你的人"，这就是地地道道的封建思想。

虽然莎士比亚常常谈论的等级观念都来自封建社会，不过他在维持当时的社会秩序、保障资本主义的顺利发展方面也起到了有益的作用。

在中国，莎士比亚也是人们最熟知、最喜欢的外国古典作家之一。早在19世纪的下半叶时，莎士比亚就已经被一些外国的传教士介绍到中国来了。

开始莎士比亚的名字有各种各样不同的译法，直到梁启超用了"莎士比亚"这个译法之后，"莎士比亚"才正式成为通用的译名。

1904年，林纾和魏易把英国19世纪散文家兰姆姐弟编写的《莎士比亚戏剧故事集》翻译出版，题名为《英国诗人吟边燕语》。当时，这个译本在中国产生了很大的影响，甚至广为流传。

直到1919年的"五四运动"以后，莎士比亚的戏剧才以白话文和剧本的形式被翻译介绍过来。

1921年，田汉翻译了《哈姆莱特》；1924年，他又翻译了《罗密欧与朱丽叶》。此后，莎士比亚的戏剧译本开始不断问世。我国现在最通行的散文译本，是由朱生豪先生在1935年至1944年间完成的。他在身体病弱、条件十分艰苦的情况下，独自翻译了37部莎士比亚戏剧中的31部，是所有莎士比亚戏剧翻译者中成就最高的一位。

在电影和电视出现以后，莎士比亚的戏剧更是不断被改编成电影和电视，获得了更加广泛的传播。据统计，《罗密欧与朱丽叶》曾被19次改编成电影，《哈姆莱特》也被改编成电影达17次之多。

由此，我们也可以看出伟大的剧作家、诗人莎士比亚及其作品在全世界范围内所产生的重要影响。

莎士比亚生平大事年表

1564年4月23日　威廉·莎士比亚出生于英国中部沃里克郡艾汶河畔的斯特拉福镇。

1568年　父亲任市长。莎士比亚开始学习文化知识。

1571年　进入斯特拉福文法学校读书。

1579年　离开文法学校。

1582年　与年长8岁的安·哈瑟威结婚。

1583年　长女苏珊娜出生。

1585年　得一男一女双胞胎，分别取名为哈姆莱特和朱迪丝。

1587年　离开家乡前往伦敦，加入剧团，开始演员生涯，并开始尝试写剧本。

1590年　上演戏剧《亨利六世上篇》、《泰特斯·安德洛尼克斯》。

1591年　上演戏剧《亨利六世中篇》和《亨利六世下篇》。

1592年　上演戏剧《查理三世》。

1592年　伦敦发生严重瘟疫，致使剧场封闭。上演戏剧《错中错》、《维洛那二绅士》，出版长篇叙事诗《维纳斯与阿都尼》。

1594年　参加"政务大臣"剧团，开始在女王御前演出。上演戏剧《爱的徒劳》、《驯悍记》，出版长诗《鲁克丽丝受辱记》。

1595年　作为剧团三个代表之一进宫领赏。上演戏剧《仲夏夜之梦》、《查理二世》、《罗密欧与朱丽叶》。

1596年　独子哈姆莱特夭亡。回乡替父亲申请并获得世袭乡绅地位。上演戏剧《约翰王》、《威尼斯商人》。

1597年　回乡买下当地第二幢最大的房产"新居"大宅。上演戏剧《亨利四世上篇》，出版《查理二世》、《查理三世》、《罗密欧与朱丽叶》。

1598年　上演戏剧《亨利四世下篇》、《无事生非》。出版《亨利四世上篇》、《爱的徒劳》。

1599年　与人合资修建伦敦当时最富丽堂皇的"环球"剧场，作为剧团的夏季戏场。上演戏剧《亨利五世》、《如愿》、《尤里乌斯·恺撒》。

1600年　上演戏剧《温莎的风流娘儿们》、《第十二夜》。出版《亨利五世》、《无事生非》、《亨利四世下篇》、《仲夏夜之梦》、《威尼斯商人》。

1601年　上演戏剧《哈姆莱特》，引起轰动。

1602年　在家乡购置地产，成为大地主。出版《温莎的风流娘儿们》。

1603年　"政务大臣"剧团更名为"国王供奉"剧团。上演戏剧《奥赛罗》。

1604年　上演戏剧《终成眷属》、《一报还一报》。出版《哈姆莱特》。

1605年　上演戏剧《李尔王》。

1606年　上演戏剧《麦克白》。

1607年　上演戏剧《安东尼与克莉奥佩特拉》、《科利奥兰纳斯》、《雅典的泰门》。

1608年　"国王供奉"剧团收回"黑僧"剧场，作为剧团冬季演出场地。上演戏剧《泰尔亲王配力克里斯》。出版《李尔王》。

1609年　出版《十四行诗》、《泰尔亲王配力克里斯》。

1610年　上演戏剧《辛白林》。

1611年　上演戏剧《冬天的故事》、《暴风雨》。

1613年　在伦敦"黑僧"剧场附近买下一幢房产。在上演《亨利八世》时，"环球"剧场遭遇火灾被毁。

1614年　离开剧团，离开伦敦，返回故乡斯特拉福镇。

1616年　4月23日，威廉·莎士比亚去世，终年52岁。他的遗体被安葬在斯特拉福德镇圣三一教堂。